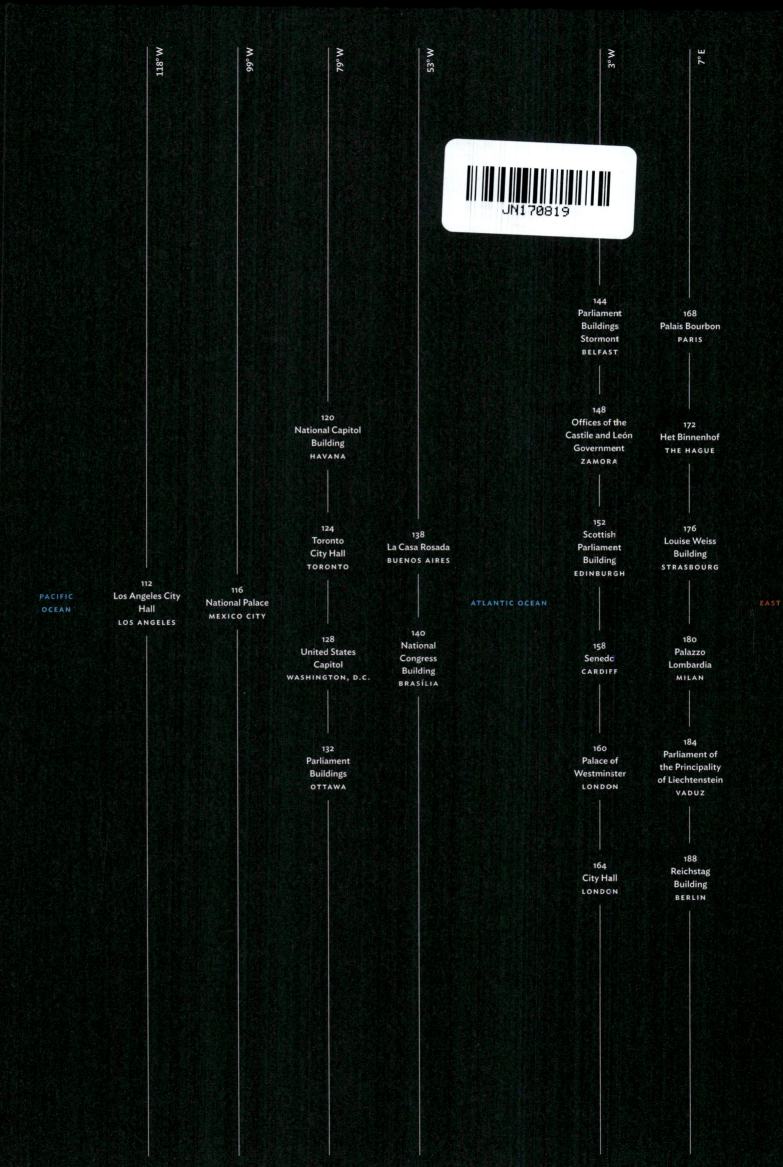

ROADS Publishing
19–22 Dame Street
Dublin 2
Ireland

www.roads.co

First published 2015

Government
ROADS Reflections
Text copyright © ROADS Publishing
Design and layout copyright © ROADS Publishing
Image copyright © the copyright holders; see p. 193
Designed in Ireland by WorkGroup

Printed in Malta

All rights reserved. No part of this production may
be reprinted or reproduced or utilised in any form,
or by any electronic, mechanical or other means, now known
or hereafter invented, including photocopying
and recording, or in any information storage or retrieval
system, without the written consent of the Publisher.

This book is sold subject to the condition that it shall not,
by way of trade or otherwise, be circulated in any form
of binding or cover other than that in which it is published.

Upper front-cover image:
Reichstag Dome, Berlin, Germany
© Kenneth C. Zirkel / Getty Images
Lower front-cover image:
Confederation Hall, Parliament Building, Ottawa, Canada
© De Agostini / R. Portolese / Getty Images
Back cover image:
The Great Hall of the People, Beijing, China
© Luis Castaneda Inc / The Image Bank / Getty Images

刊行のごあいさつ

　本書はアイルランドの出版社ローズ・パブリッシング社と弊社とのコープロダクション(国際協力出版)により、日本語・英語・スペイン語・フランス語の四カ国語による併記により出版されました。

　ローズ社による原書はリフレクションシリーズとして「図書館」「議事堂」「博物館」「美術館」「庭園」などの公共建築と空間を世界中から集めた写真集ですが、弊社では本書に紹介された公共施設がすべて現存しており、現在も実際に見に行けることに注目し、シリーズ名を「21世紀ガイド図鑑」としました。

　日本版の第1巻となる『世界の図書館』では、25ヶ国の47館の図書館を紹介し、第2巻となる『世界の議事堂』では、39ヶ国から45棟の議事堂や政府庁舎、官邸を紹介しています。原題の「ガバメント」は政府機関や政府庁舎を意味しますが、邦題ではそれらの象徴として「議事堂」としました。

　日本版の『世界の図書館』には、国立国会図書館、八王子図書館、京都国際マンガミュージアム、明治大学米沢嘉博記念図書館を紹介し、『世界の議事堂』には国会議事堂、東京都庁を紹介しています。

　世界の公共建築の歴史と成り立ちを知り、その設計に反映された機能面や運用思想そして象徴性について、さまざまな違いを学んでいただければ幸いです。

　本書の刊行に際して格段の御協力をいただいたアイルランドのローズ・パブリッシング社および国際担当部門、監修者のみなさんに感謝の辞を捧げます。

ほるぷ出版 編集部 丸田剛司

21世紀ガイド図鑑

世界の議事堂
GOVERNMENT

ほるぷ出版

序文

アイバン・ハーバー
ロジャース・スターク・ハーバー＋パートナーズ

創設者の一人、リチャード・ロジャースが志向している高度技術を駆使した機能主義的な建築デザインをその基本理念とするロジャース・スターク・ハーバー＋パートナーズは、建築の持続可能性、社会意識への寄与、そして都市再生を前面に押し出した設計で知られる建築設計事務所です。

英国、ロンドンを本拠地とし、オーストラリアのシドニー、中国の上海にも拠点を構え、スタッフは総勢200名に及びます。前身となるリチャード・ロジャース・パートナーシップから現体制に移行後も、セネッド（ウェールズ）、ロイズ・ビルディングや88ウッド・ストリート（ロンドン）、テクノプラザ（岐阜）など、数多くの著名なランドマークを完成させています。

社名にもその名を連ねているアイヴァン・ハーバーは、1985年より同社に加入しています。カーディフ湾に位置するウェールズ国会議事堂建設における主任建築家であり、スターリング賞を受賞したマギーズセンター・ロンドン（2009年）、アドルフォ・スアレス・マドリード＝バラハス空港第4ターミナル（2006年）の設計に大きく貢献しました。

世論の注目を集めたり、その設計を取り巻く政治的討論の渦中に置かれるようになるのは、議会庁舎の設計者ならではの難題です。ウェールズ国会議事堂：セネッドのカーディフでの建設は、私自身にとってまたとない経験であり、またロジャース・スターク・ハーバー＋パートナーズ（RSHP）設計事務所に関わる全ての人にとってもそうでした。

ロンドンのウェストミンスター宮殿は予算を三倍も超過したことで知られ、さらには完成まで想定の五倍もの時間を要しました。そして設計者であるチャールズ・バリーとオーガスタス・ピュージンは、どちらも完成を見ることなく亡くなったのです。誰もが言うように、確かにそれは生涯をかけた業績であり、そして後に続く者たちにとっては有益な教訓でありました。

それに比べればセネッドはほんの小さな建物にすぎませんが、私にとっては相応の出来事や喜びがあり、そして多くの試練を乗り切ったのです。

建築家にとって政府行政機関という注文主は珍しい存在ですが、どんな時でも彼らと密接に関わり、信頼を築き上げていくことは建築家にとって大きな喜びなのです。彼らへの職業上のアドバイスをかさねて我々は長期的な信頼関係を築き上げたのです。それは双方の多大な努力の結果であり、この努力こそがもっとも重要です。

しかしイギリスでは、建築とは決して政治家の道楽などではなく、また専業の政治家へと転職した建築家もほとんどいません。セネッド完成までの道のりには数多くの議員が関わっては去っていきましたが、最終的には複数の政党から一握りの議員たちが、建築を愛する気持ちを同じくする官僚たちと共に残りました。

彼らと私たちの努力が、セネッド建設を実現させたのです。私たちは建築環境への情熱を持ったチームであり、その情熱こそがあらゆる公共事業を成功させるために重要なのです。

通常では公共建築物の設計者は公開協議を通して選出されます。セネッドの場合、この過程は面接での一次選考から報酬のある競合による選考、コンペティションを含んだものでした。我々の注文主は、まずはアイディアだけを求めていたのです。

コンペ参加者によるプレゼンテーションはジェームズ・キャラハン元イギリス首相（キャラハン・オブ・カーディフ男爵）が座長となって建築学の識者を集めた顧問にむけて行われました。これによりすべての質疑応答をたちどころに明確にし、そのアイディアを整理することが可

能となったのです。こうした流れは、建築コンセプトを発表するためのもっとも適切で公平な場を築き上げました。

　提案者に対してセネッドの設計概要とともに添えられたのは、ひとつの国家としてのウェールズの確固たる意志と、その思いを新たな議事堂庁舎への反映を切望するキャラハン氏による簡潔な声明文でした。

　このコンペティションは建築の専門家に対して、新たな世紀を迎えるにあたり民主議会の声を聞き、人々を導いていく地方政府のあるべき姿についてのコンセプトを提案する機会を与えました。

　この議会庁舎が我々の民主主義を象徴するシンボルとして、ウェールズといえば真っ先に思い浮かぶくらい世の中に知れわたることが切望されていたのです。

　それは啓蒙的で心を打つ文章であり、また新しい議事堂庁舎がその規模にかかわらず抱くべき信念を、みごとに表現したものでした。

　建築家たちは厳しい制約のもとで仕事をすることに慣れており、実際に制約が増えれば増えるほど独創性あふれる解決策や、よりその土地に根付いた建築案が生まれることも多いのです。

　キャラハン氏が寄せた宣言から伝わった期待の重圧は、物理的な建築の制約が少ないとはいえ現実の立地がカーディフのさびれた造船所があるオフィス地区であることを考えると、理想や名誉と現実との大きなへだたりを感じさせる事態となりました。

　建築物、とりわけ議会庁舎は常に政治的な背景があり、セネッドの場合それは明らかに（1997年に住民投票の成功で立証された）中央政府からウェールズ地方政府への権限委譲への意欲を国内に向かって大々的に公表するものでした。さらに、どの街が新たな議会庁舎設置の地になるのかという議論と相まって、建物にはより強い政治への参加意識の促進、および場を超越するほどの誠意を示すことが求められたのです。

　パリのポンピドゥー・センター（1977年）以降、我々の設計事務所が手がけた大部分の公共建築物に特有のこれらの事情は、このウェールズでも議会庁舎の所在地へ特色をもたらすであろう設計のきっかけとなりました。

　私たちは安易に過去の歴史的建築からの転用や美術的な象徴をひそませることをやめ、しばしば建築家が頼ってしまう歴史学者の意見や伝統的なデザインからの脱却をめざしました。結果、根本的なふたつの問題をしっかりと見すえて概念を定義したのです。

　ひとつは建物と立地との境界線はなくても良いのではないか？　もうひとつは、公共向けの空間と非公開の空間とをいかにして区分するか？　ということでした。それらは政党団体および有権者である国民の積極的な参加をうながすために必要と思われました。

　私たちの答えは当初のありふれた候補地から視野を広げて、海外や国内の他の地域といった外の世界に目を向ける、ということでした。立地を水域との境界ではなく、その延長線上にあると考えたのです。建物のコンセプトは一見するとシンプルなものでした。開かれた政治的な空間への参加を促し、国民と議会との広範な接点となることができるように、湾から議事堂まで自然につながった公共スペースを単一の構成要素で捉えるというものす。

　建物は内面的にはその地へしっかりと根ざしつつも、世界へと目を向けたものとなるでしょう。周囲の建物に比べると、小さな議事堂に対して公共スペース上に浮かぶ張り出した屋根は湾にまで続くように感じられます。建設までの道のりを考えても大胆なコンセプトでしたが、やがてそれは間違いでないと証明されることとなりました。

　私は最初のミーティングのことを今でも覚えています。それは1998年10月のコンペティションの勝者として、我々の設計事務所RSHP（当時はリチャード・ロジャース・パートナーシップ）の名が発表された直後でした。

　ウェールズ省の専任チームがロンドン西部ハマースミスの私たちのスタジオを訪れ、建設のための設計案の展開はいつ始めるのかと尋ねてきたのです。まだアイディアを出し合っただけで改良に何ヵ月もかかるため、これから共同でアイディアを形にしていきませんかと、私たちは丁重に提案しました。彼らはこの共同作業をプロセスに組み込んでいなかったため、その時、彼らの中に目的達成のため私たちを支援するという決断ができる人はいませんでした。ウェールズ担当大臣であったロン・デイヴィスはちょうど退任したところであり、要するに、彼らは私たちがコンペティションの間に設計案をすでに完成させているものだと認識していたのです。

　彼らとの出会いは、政治的指導力を備えた新たな本拠地を設計する時には必然となる重要な要素、つまり企業向けの案件や第三セクター方式のクライアントや私たちが手掛けたボルドーやアントワープの裁判所のような市政だけの建築物の計画よりも、更に感情的な問題になりがちだということを私たちに明確に示しました。自らの役割のみに概して責任を持てばよい民間のクライアントは、政治的勢力に左右されずに決定を下せる分、気をつかわなくてすむからです。

　これによりクライアントとのつながりは強まったにも関わらず、また一方では、コンセプトについての議論を巻き起こすであろう批判的コメントを引き出すのは困難であることが判明しました。

　ウェストミンスター宮殿（相手政党と向かい合わせに座る）での対立的な配置ではなく、政党間での連携を促進する建築物というのは、願望以外に前例のないものでした。つまりクライアントとコンサルタントのチームは皆、設計の進展に活用できるような経験がほとんど、あるいは全くない人ばかりだったのです。多数の障害者団体を代表する外部組織だけが、コンセプトの公開展示の間に彼らの懸念をきちんと表明し、その重要な談話は最終的にアイディアを完成形へ発展するのに結びづけられました。

　再度提示した設計案は、最終的には三期連続でウェールズ首相を務めたロドリー・モーガンにより承認され

通過することができました。セネッドは未来であり、過去によって切り出されたのではなく、それ自身が独自の先例を築いている明確な現在だったのです。

　これまでポジティブな意味で設計案を活性化する物理的制約について述べてきましたが、しばしば公の場でなされた政治家の公約とは、一方では基準を引き上げ建築物を未知の領域へ引き入れてしまう新たな制約を引きこんでしまうものです。私たちは建築家として、建築法規とは基準が公平であることを保証するために存在し、そして法律は商品やサービスの自由な取引を保証しているという、ふたつの建築業界における原則を心得ています。

　政治家の公約は、たとえ善意に基づいたものであったとしても、これらの原則を混乱させるのです。他への模範となる継続的な業績を残すという公約と、たとえ入手困難であってもウェールズの議事堂はウェールズ産の資材のみで建てたいという融通の利かない要求により、あらかじめ調整していた予算の割当は困難なものへとなりました。

　駆け引きを許容する余地がなければ、外的な影響は非常に入念に計画したプロジェクトでさえも中断させてしまい、また私たちのケースでは9・11のアメリカ同時多発テロ後という要因による、前例のない治安状況を抱えていたのです。

　セネッドの建設においては、予算、所要期間、クオリティとのバランスについての議論の機会もなくそれらの問題に直面しました。政治家がそれらすべてについて約束をする際、柔軟性という側面はありません。しかしながら私たちは柔軟性なしには建設計画はたやすく行き詰まってしまうものであると、豊富な経験から理解しています。

　クオリティについての共通の合意は常に存在しますが、工期と予算の重要性は双方ともに変化しがちであり、それは資材コストによってだけでなく、同じ様に調達手順やリスクの種類によっても決定されるのです。

　市政プロジェクト全体にのしかかるのは、公衆による監視の視線と、予算に関して繰り返される議論です。「市民の全く望まぬ、費用はかかるのに何の実にもならない政治家たちのための場などよりも、新しい病院のために金を使う」方がよいのではないか、といったものです。公共建築は格好の標的であり、最終コストについてのいかなる不確定要素も、最高に分かりやすい攻撃材料となるのです。

　公共建築物とその費用についての議論には常に、浪費や予算オーバーに時間超過といった、悪い知らせがつきまとうものです。セネッドの場合、幸運にも他の設計事そのためそれらは建築家にとっては唯一無二のキャリアを築く好機であり、設計者として選ばれることは特別に名誉なことなのです。建築業界では建設の費用は一般的に、同様のプロジェクトから引かれた継続的なデータ取得であるベンチマークによって見積もられています。

　それによって専門家チームは、要求されているクオリティや認識がクライアントの要望と一致しているかどうかを理解することができるのです。それらの相対的な希少さが意味するのは、私たちがセネッドについての設計に取りかかった際、イギリスでは議事堂の建設が長きに渡り行なわれていなかったということでした。

　時を同じくして進行していた2つの類似したプロジェクト、スコットランド議会会館とフォスター＋パートナーズが手がけたグレーター・ロンドン・オーソリティ本部（シティ・ホール）は、セネッドと同様に構想段階にあったのです。しかしそこからは私たちの建築物についての全体的なベンチマークを行うことはできませんでした。にも関わらずセネッド建設に必要なベンチマーキング項目は、設計寿命、持続可能性、交通の便、安全性、そして資材と、複雑さを極めていました。

　現地でプロジェクトがスタートして間もなく、議会側による調達手順は、段階的な情報公開、速度を優先すべき際も慣習に従い採択される進行プロセス、ベンチマーキング費用の保証の度外視といった要素から、建設予算の飛躍的な増加というリスクを含むことが明らかになりました。

　こうした複雑な理由により、私たちは極めて公然とその職務から外されることとなったのです。私たちは調達方法は不適切であり、続行すれば本質的に予算超過を招くものであろうことを忠告し続けました。最終的に設計および建築の契約に従い建築家として再雇用されたことで、私たちの立場は実証されたのです。

　議会は近年のプロジェクトへ従事した経験のある役人に権利を与え、意思決定に焦点を絞るよう指導を行い、感情的意見を排しながら状況を調整していきました。これにより私たちは議事堂全体の設計の完成や、建設業者が固定価格での契約に同意するための時間を得られたのです。

　この新しいプロセスにより、最終的に工期にはまだ余裕があることが明らかとなりました。新たに築かれた合意は、更なる衝突を起こすことなくプロジェクトを完成へと進めていったのです。

　セネッドは再利用可能な統合エネルギーや資材の選択、そして建設施工といった面から、施設が使うエネルギー

や設計寿命に至るまで、プロジェクト全体にわたる環境配慮の取り組みを導入した設計として、我々、RSHPが手がけた中で初の建築物となりました。それらの要素にセネッドを、単層ガラス張りで自然換気が行き届いた建築物にしたのです。

　ウェールズ産スレート石材をふんだんに使ったことは他の資材供給者と比べて統合エネルギーの関係から正当化できますが、他の材料の調達についてはそう簡単ではありません。屋根の資材として使用を予定していたウェールズ森林管理協議会認可のオーク材は、単純に量が不足していました。そこで私たちが確保してあったオーク材は、代わりに調度品へと用いられたのです。

　堅牢な壁に開けられた小さなポツ窓や風通しの良いレースのカーテンといった英国では標準的な政府庁舎の姿ではなく、安全性のための包括的計画の提供によって更に開放的な環境へと計画は劇的に舵を取ることができました。こうした展開は殺風景なビジネスパークが港湾沿いの公共スペースへと変貌を遂げ、ウェールズ住民のための国有財産となったように、物理的環境に大々的な変化をもたらす後押しにもなったのです。

　その結果はどうなったでしょうか？　当初の予想よりも二倍の工期を要し、また１平方メートル当たりの予算も二倍になりましたが、最終的に重要なのはセネッドは金額に見合う価値が十分にあると会計監査院が議会に対し承認したことなのです。

　ウェストミンスター宮殿とセネッド、そのどちらにも歴史がありますが、しかしセネッドの方が人々の記憶にはまだ新しいことでしょう。ウェストミンスター宮殿の悩ましい建築の最終段階で、ビッグ・ベンの名で知られる時計塔部分のデザインを提出したピュージンは、狂気にとりつかれてしまいました。哀れな彼とは違い、私は精神病院のベッドからはほど遠い場所にいましたが、複雑至難な政府主導のプロジェクトがどのように彼をそうしてしまったのかはよく理解できます。

　この書籍で紹介している公共建築物はどれもが、その設計者の存在証明を明らかにするという幾多の建築家の決意が明らかとなるような、語るべき同様の物語を持っていることでしょう。その当事者すべてや、実に多くの大衆の視線に晒されつつも職務を全うした彼らの際立った献身や忍耐に、私は心よりの称替を贈ります。

Introduction

It is a unique challenge for an architect to be under the spotlight of public opinion and maelstrom of political debate that surrounds the design of a government building. Creating the Senedd (the National Assembly for Wales) in Cardiff was a once in a lifetime experience for myself and everyone involved at Rogers Stirk Harbour + Partners (RSHP). The Palace of Westminster in London was famously 300 per cent over budget and took five times as long to build than estimated. Neither of its architects, Charles Barry and Augustus Pugin, lived to see it completed; by all accounts it was a life-consuming work and a salutary lesson for those to follow. The Senedd is only a tiny building in comparison but I survived the process, although not without a fair share of drama, pleasure and pain.

For architects, a political body as a client is a peculiar beast. We have the pleasure of working closely and in confidence with all our clients; we forge long-term relationships as we help to guide them through their commissions. It is an enormous team effort and they are critical to that team. However in the UK, architecture is rarely a politician's pastime and there are few architects who have made the transition into full-time politics. The journey to deliver the Senedd saw numerous elected officials come and go but we eventually arrived at a handful of members from different parties, together with seasoned civil servants, whose common ground was a love of architecture. It was this team that made the Senedd happen and it is a team like this – with a passion for the built environment – that is critical to the success of any public project.

The architects of public buildings are usually selected through open consultation; in the Senedd's case this process involved a shortlisting, followed by an interview and an eventual limited but paid competition. In this case, they sought only the idea. A presentation by each competitor was then made to a panel of luminaries, chaired by former Prime Minister James Callaghan (Lord Callaghan of Cardiff) assisted by architectural advisers. This enabled any questions to be answered there and then and the ideas clarified. The process constructed a level playing field to deliver the most appropriate concept.

Accompanying the design brief for the Senedd was a short foreword by Callaghan that stated the ambitions of Wales as a country and how they hoped this might be reflected in the new seat of government:

'This competition offers the Architectural profession the opportunity to express a concept of what form should be assumed by a democratic Assembly listening to and leading a small democratic nation as we enter the next millennium... we would dare to hope that it will become a visible symbol, recognised and respected throughout the world, whenever the name of Wales is used.'

It was an illuminating and poignant statement and one that neatly captured what should be the aspiration for any new seat of government, regardless of scale.

Architects are used to working within tight constraints, indeed quite often the more constraints the more ingenious the solution and the more rooted in place a proposed building can become. The pressure of expectation from Callaghan's short piece, combined with a site of relatively few physical constraints – a business park in Cardiff's disused docks – produced an unusual situation that, on first sight, might have favoured symbols and emblems over context and place.

Architecture – particularly that of government buildings – always has a political context and, in the case of the Senedd, it was clear that, given the very public airing of the Welsh appetite for devolution (demonstrated through the ballot box in the successful Welsh devolution referendum in 1997), coupled with the subsequent argument over which city would host the new assembly, the architecture would require a response that encouraged participation and make a gesture beyond the site. These unique conditions for RSHP's most public building since the Centre Pompidou in Paris (1977) became the catalyst for a design that would deliver a distinctive seat of government for Wales.

We chose not to adopt aesthetic metaphors, symbols or historic motifs – often the architect's easy answer to appease historicists and anxiety over authenticity – but to define the building as a strict response to two fundamental questions: how could we place it on the site to suggest that the connection between building and land was without boundary? And how

Avant-propos

Quel défi plus grand pour un architecte que celui de concevoir un bâtiment public officiel sous les feux de l'opinion publique et de l'arène politique ? Imaginer la Senedd (l'Assemblée nationale du pays de Galles) à Cardiff fut pour moi et pour tous les collaborateurs du cabinet Rogers Stirk Harbour + Partners (RSHP) ayant pris part au projet une expérience que l'on ne fait qu'une seule fois dans sa vie. La construction du palais de Westminster à Londres est restée dans les annales pour avoir dépassé son budget initial de 300 pour cent et duré cinq fois plus longtemps que prévu. Aucun de ses architectes, Charles Barry et Auguste Pugin, n'a vécu assez longtemps pour voir l'édifice achevé. À tous points de vue, cet ouvrage de toute une vie est un parfait exemple de sacerdoce à suivre. Si l'envergure de la Senedd n'a rien de comparable, j'ai toutefois mené sa construction jusqu'à son terme, non sans peine, avec son lot de douleur et de joie.

Les institutions politiques sont pour tout architecte des donneurs d'ordres particulièrement spéciaux. Nous avons la chance de travailler en toute confiance au contact étroit de tous nos clients ; nous nouons des relations durables dans la mesure où nous les guidons tout au long de leur commande. Ce type de missions exige un véritable travail d'équipe et sont essentielles pour l'esprit d'équipe. Pour autant, au Royaume-Uni, l'architecture n'est pas le passe-temps usuel des politiques, et peu d'architectes ont réussi à percer dans la politique. Le projet de construction de la Senedd a vu défiler un grand nombre d'élus, mais nous sommes finalement parvenus à ne retenir que quelques membres seulement des différentes parties impliquées, aidés de fonctionnaires chevronnés, tous ayant en commun une passion pour l'architecture. C'est grâce à cette équipe que la Senedd a vu le jour, et ce sont des équipes comme celle-ci, passionnée d'urbanisme, qui déterminent la réussite d'un projet public.

Les architectes de bâtiments publics sont généralement choisis à l'issue de consultations ouvertes. Dans le cas de la Senedd, les candidats préalablement sélectionnés ont ensuite passé un entretien, puis un concours final, limité mais rémunéré. Dans ce cas de figure, les donneurs d'ordres ne fondent leur choix que sur le concept général du projet. Chaque candidat a ensuite présenté son projet devant un jury de personnalités présidé par l'ancien premier Ministre James Callaghan (Lord Callaghan de Cardiff) assisté de conseillers en architecture. Ce processus a permis de répondre à toutes les questions soulevées et de clarifier les idées. Il a également contribué à instaurer des règles du jeu équitables dans la définition du concept le plus approprié au lieu.

La maquette d'avant projet fut précédée d'un bref avant propos par Lord Callaghan en personne dans lequel il a rappelé les ambitions du pays de Galles en tant que nation et l'espoir que le nouveau siège du gouvernement soit à la hauteur de telles aspirations :

« Ce concours offre aux architectes l'incroyable opportunité de donner corps à ce que devrait incarner une Assemblée démocratique à l'écoute de la modeste nation démocratique qu'elle entend diriger à l'aube de ce nouveau millénaire ... nous osons espérer que ce bâtiment deviendra un symbole visible, reconnu et respecté dans le monde entier, et portera haut et fort les valeurs du pays de Galles. »

Ce discours aussi éloquent qu'émouvant résume avec justesse ce à quoi est censé aspirer le nouveau siège d'un gouvernement, quelle que soit son importance.

Les architectes ont l'habitude de travailler sous de sévères contraintes, et force est de constater que plus le projet est soumis à des restrictions, plus la solution est bien souvent ingénieuse et le bâtiment proposé a plus de chances d'être étroitement ancré dans sa localité. L'énorme pression exprimée par Lord Callaghan dans son allocution, à laquelle s'ajoute le choix d'un site ne présentant que relativement peu de contraintes physiques – une zone d'affaires dans des quais désaffectés de Cardiff – ont contribué à générer une situation unique en son genre qui, à première vue, aurait pu favoriser le recours aux symboles et aux emblèmes sans égard à l'environnement ni au cadre.

L'architecture – surtout lorsqu'il s'agit de bâtiments publics – s'inscrit toujours dans un cadre politique et, concernant la Senedd, il était clair que, étant donné la forte aspiration publique du pays de Galles à la décentralisation (démontrée par

Prólogo

Para un arquitecto, estar en la mira de la opinión pública y en medio de la vorágine del debate político que gira alrededor del diseño de un edificio gubernamental constituye todo un reto. La creación del Senedd (la Asamblea Nacional de Gales) en Cardiff supuso una experiencia única en la vida tanto para mí como para todos los que participaron en Rogers Stirk Harbour + Partners (RSHP). El Palacio de Westminster de Londres se hizo famoso por superar en un 300 por ciento el presupuesto inicial y por tardar cinco veces más en construirse que el tiempo previsto. Ninguno de sus arquitectos, Charles Barry y Augustus Pugin, vivió para verlo terminado pero, a decir de todos, fue el trabajo de toda una vida y una saludable lección para los sucesores. El Senedd es solo un minúsculo edificio en comparación pero he logrado sobrevivir al proceso, aunque no sin pagar un precio, por mi parte, en dramatismo, placer y dolor.

Para los arquitectos, tener un organismo político como cliente constituye una experiencia realmente peculiar. Tenemos el placer de trabajar estrechamente y en confianza con todos nuestros clientes. Establecemos unas relaciones duraderas cuando les guiamos a lo largo de sus cometidos. Se trata de un enorme esfuerzo en equipo, por lo que éstas son fundamentales para el equipo. No obstante, en el Reino Unido, la arquitectura rara vez suele ser el pasatiempo de un político y hay pocos arquitectos que se dediquen a la política a tiempo completo. El periplo hasta entregar el Senedd fue testigo de las idas y venidas de numerosos funcionarios electos pero finalmente nos quedamos con un puñado de miembros de distintos partidos, junto con algunos cargos públicos expertos, cuyo punto en común era su amor por la arquitectura. Fue este equipo el que hizo realidad el Senedd. Es fundamental contar con un equipo de esta índole, apasionado por el urbanismo, para alcanzar el éxito en cualquier proyecto público.

Los arquitectos de los edificios públicos se suelen seleccionar a través de consultas abiertas; en el caso del Senedd, este proceso implicó una selección previa, seguida de una entrevista y, finalmente, un concurso limitado aunque remunerado. En este caso, solo buscaban el concepto. Cada competidor realizó luego una presentación ante un jurado de eminentes personalidades, presidido por el ex-primer ministro James Callaghan (Lord Callaghan of Cardiff) ayudado por asesores arquitectónicos. Esto permitió responder, en el momento, algunas preguntas y aclarar ciertas ideas. El proceso garantizó la igualdad de condiciones para la presentación del concepto más adecuado.

Junto con el programa preliminar para el Senedd se presentó un breve prólogo de Lord Callaghan que exponía las ambiciones de Gales como país y el modo en que esperaban que esto pudiera reflejarse en la nueva sede de gobierno:

« Este concurso ofrece a los profesionales de la arquitectura la oportunidad de expresar un concepto sobre la forma que debe adoptar una asamblea democrática que escucha y dirige a una pequeña nación democrática al alba del siguiente milenio... esperamos que se convierta en un símbolo visible, reconocido y respetado en todo el mundo, allí donde se utilice el nombre de Gales. »

Fue una declaración esclarecedora y conmovedora, y captó hábilmente cuál debía ser la inspiración de toda nueva sede de gobierno, independientemente de su tamaño.

Los arquitectos están acostumbrados a trabajar con limitaciones estrictas y, es cierto que a veces, cuantas más limitaciones, más ingeniosa se vuelve la solución y más arraigado en su contexto se torna el edificio propuesto. La presión de las expectativas del breve texto de Lord Callaghan, junto con una sede de relativamente escasas limitaciones físicas (un parque empresarial en las dársenas en desuso de Cardiff), provocó una situación inusual que, a primera vista, pudo haber favorecido los símbolos y los emblemas por encima del contexto y del emplazamiento.

La arquitectura, en particular la de los edificios gubernamentales, siempre tiene un contexto político y, en el caso del Senedd, estaba claro que, dada la pública proyección de la inclinación galesa por la devolución de poderes (demostrada en las urnas en el exitoso referéndum de devolución de poderes de Gales en 1997), junto con el posterior argumento de qué ciudad albergaría la nueva asamblea, la arquitectura iba a proporcionar una respuesta que fomentara la participación y representara algo más que el emplazamiento. Estas condiciones

could we organise the public and private space to encourage participation between the elected body and the public electorate?

Our answer was to look beyond the initially mundane site and outwards to the sea, to the rest of the country and to the world beyond. We envisaged the site as an extension of the body of water, not a boundary to it. The building's concept was deceptively simple: a single, flowing public space, stretching from the water's edge over the space for the elected body, enabling a broad interface between the two and encouraging public engagement in a political space. The building would be anchored, internally, to its site and would also be outward looking. A canopy floating over the public space would give an indeterminate edge to the enclosure, belying the small scale of the building among its neighbours and extending its influence to the water's edge. A strong concept, we believed, for the expected ride ahead. And it would soon prove critical that it was.

I am reminded of the first meeting we had, soon after RSHP (then Richard Rogers Partnership) was announced as winners of the competition in October 1998. A team from the Welsh office arrived at our studio in Hammersmith, West London, and asked when we could start developing the design for construction. We politely suggested that we had only conceived of an idea and it would take many months of refinement, in collaboration with them, to make the idea a reality. They had not factored this collaborative exploration into their process and could not say, at that time, who would be able to make decisions to help us get there. The Secretary of State for Wales Ron Davies had just resigned and, in short, they thought we had completed our design during the competition.

The encounter underlined to us a key factor inherent in the design on any new home for political leadership: that it can often be a more emotional affair than any work undertaken with a business-orientated, private-sector client, and more so even than other civic building programmes, such as we experienced in our law courts for Bordeaux and Antwerp. A private client – accountable, in the main, only to itself – has a freedom to make decisions not afforded the political establishment.

Despite this heightened client connection, however, it proved difficult to extract critical comment that would start a debate on the concept. With no precedent other than a wish that the building promote co-operation rather than the confrontational arrangement of the Palace of Westminster (opposing parties sat facing each other), the entire client and consultant team had little or no experience to draw on to move the design forward. It was only when an external organisation, representing a number of disability groups, rightly raised their concerns about the concept while it was on public exhibition that a critical discourse was entered into that ultimately evolved the idea into its final form.

The re-presented design was finally endorsed by Rhodri Morgan, the third First Minister for Wales in as many years. Only a simple, clear and strong design concept – a critical characteristic, I feel, for any public building design to be successful – could have survived this tumultuous process, and it proved a significant affirmation of the potency of the original idea that it did so. The building's aesthetic was a direct consequence of this concept, allowing us to steer it through the approval process without the repeated subjective debates often levelled at overly symbolic designs. The Senedd was the future, not hewn by history but distinctly of the present, forging its own precedent.

I have talked about physical constraints positively driving design, but in the public arena politicians' pledges introduce new constraints that, while raising standards, can take a building into unknown territory. As architects we are aware of two construction constants: that building regulations exist to ensure that standards are universal and that legislation ensures a free market for products and services. Politicians' pledges, although grounded in good intention, can disrupt these constants. A commitment to exemplary sustainable performance and an inflexible desire to build a Welsh building from only Welsh material, even if unavailable, complicated the pre-set budgetary allowances. Outside influences can disrupt even the most carefully planned project if no room for manoeuvre is allowed for, and in our case we had unprecedented security conditions to factor in after the 9/11 terrorist attacks.

In the development of the Senedd, these issues were faced without the opportunity for debate over the balance of cost, time and quality. No aspect was flexible as the politicians had made their promises on them all. We know from a wealth of

le oui remporté lors du référendum sur le transfert des pouvoirs au pays de Galles en 1997), et l'argument qui a suivi selon lequel la ville accueillerait la nouvelle assemblée, le projet architectural devait apporter une réponse qui encourage la participation tout en incarnant une action qui dépasse le simple cadre du site. Ces conditions uniques présidant à la conception du bâtiment le plus officiel confiée à RSHP depuis le Centre Pompidou à Paris en 1977 ont finalement stimulé l'élaboration du projet dans le but de proposer un parlement distinctif du gouvernement gallois.

Nous avons donc pris le parti d'écarter les métaphores esthétiques, les symboles et autres motifs historiques – solution architecturale de facilité pour amadouer les historicistes et calmer les inquiétudes quant à l'authenticité du projet – pour définir le bâtiment comme une réponse limpide à deux questions fondamentales : comment insérer l'ouvrage dans le site de manière à suggérer l'idée que le lien entre l'édifice et son cadre ne souffre aucune limite ? Et comment organiser l'espace public et privé de manière à encourager la participation à la fois des élus et des électeurs publics ?

Nous avons donc cherché des pistes de réponse au delà du site à priori banal en se tournant vers l'environnement extérieur offert par la mer, les autres parties du pays et le monde qui l'entoure. Nous avons appréhendé le site comme une extension du plan d'eau et non comme sa limite. L'ouvrage s'est ainsi articulé autour d'un concept d'une simplicité apparente : un espace public d'un seul tenant à la circulation limpide qui s'étend du bord de l'eau jusqu'aux aménagements dédiés aux représentants élus, offrant un vaste lieu d'échanges avec les citoyens et encourageant la participation publique dans un espace politique. L'édifice serait ancré, de l'intérieur, à son site tout en regardant vers l'extérieur. Un auvent flottant au dessus de l'espace public conférerait à l'ensemble clos un contour fluctuant, dissimulant la taille relativement modeste de l'édifice par rapport aux ouvrages voisins, en étendant son influence jusqu'au bord de l'eau. Nous étions convaincus que notre concept résisterait aux aléas de l'aventure architecturale à venir. Et nos convictions ne tardèrent pas à se confirmer.

Je me souviens de notre première réunion de travail, peu de temps après que le cabinet RSHP (alors Richard Rogers Partnership) a été déclaré vainqueur du concours en octobre 1998. Une équipe du ministère des affaires galloises est arrivée dans notre bureau à Hammersmith, dans l'ouest de Londres, pour nous demander quand débuterait la conception du projet à construire. Ce à quoi nous avons poliment répondu que nous avions à peine défini l'idée générale et qu'il fallait envisager plusieurs mois de collaboration pour améliorer le concept avant qu'il ne prenne vie. Le ministère n'avait pas envisagé ce travail collaboratif dans sa feuille de route et était alors incapable de désigner quelqu'un apte à prendre des décisions pour nous aider à avancer. Le ministre pour le pays de Galles, Ron Davies, venait juste de démissionner de ses fonctions et, pour résumer, le ministère pensait que nous avions achevé la phase de conception pendant le concours.

Cette rencontre nous a permis de prendre en compte un facteur inhérent au travail de conception de tout nouveau siège de la direction politique, à savoir que ce type de client est plus souvent impliqué émotionnellement qu'un donneur d'ordres du secteur privé qui poursuit un objectif commercial, et bien plus que les autres promoteurs de programmes de construction publique, comme nous avons pu en faire l'expérience avec la conception des palais de justice de Bordeaux et d'Anvers. Un client privé qui n'a, dans l'ensemble, de compte à rendre qu'à lui même est libre de prendre des décisions que ne peuvent se permettre les dirigeants politiques.

Malgré ce rapprochement privilégié avec le client, il a été difficile d'obtenir des remarques critiques afin d'instaurer un dialogue constructif autour du concept. À défaut d'autre instruction que le seul souhait de voir l'édifice promouvoir la coopération sans s'inscrire dans une logique de confrontation comme le suggère l'agencement du Palais de Westminster où les membres des partis rivaux se font face, l'équipe du client et des consultants n'avait que peu voire aucune expérience sur laquelle s'appuyer pour faire avancer les travaux de conception. Ce n'est que lorsqu'une organisation extérieure, représentant un certain nombre de groupes de personnes handicapées, a fait part à juste titre de ses inquiétudes concernant le concept alors exposé au public qu'un dialogue positif a pu se mettre en place et contribué à faire évoluer l'idée initiale jusqu'à sa forme définitive.

únicas para el edificio más público de RSHP desde el Centro Pompidou en París (1977) se convirtieron en el catalizador que iba a proporcionar una sede inconfundible para el Gobierno de Gales.

Decidimos no adoptar metáforas estéticas, ni símbolos ni motivos históricos (que constituyen a menudo una respuesta fácil del arquitecto para apaciguar a los historicistas y mitigar la preocupación por la autenticidad) sino definir el edificio como una respuesta estricta a dos preguntas fundamentales: ¿cómo podríamos colocarlo en el emplazamiento para que sugiriera que la conexión entre el edificio y la tierra no tenía límites? Y ¿cómo podríamos organizar el espacio público y privado para fomentar la participación entre los cargos electos y los electores públicos?

Nuestra respuesta fue mirar más allá de la prosaica posición inicial y salir al exterior, al mar, al resto del país y al mundo. Concebimos el emplazamiento como una extensión de la superficie del agua y no como su límite. El concepto del edificio era aparentemente sencillo: un único espacio público fluido, que se extendía desde el borde del agua hasta el espacio de los representantes del pueblo, lo que proporcionaba un amplio punto de contacto entre los dos y fomentaba el compromiso público en un espacio político. El edificio estaría anclado, internamente, en su emplazamiento, a la vez que estaría orientado hacia el exterior. Una cubierta flotante sobre el espacio público otorgaría un contorno impreciso al recinto, aumentando el pequeño tamaño del mismo entre sus vecinos y ampliando su influencia hasta el borde del agua. Un concepto sólido, creíamos, para el camino que nos esperaba. Y pronto se demostró lo importante que era.

Recuerdo la primera reunión que celebramos, justo después de anunciarse que RSHP (entonces, Richard Rogers Partnership) había sido el vencedor del concurso, en octubre de 1998. Un equipo del ministerio de Gales llegó a nuestro estudio en Hammersmith, en el oeste de Londres, y preguntó cuándo podíamos comenzar a desarrollar el diseño para la construcción. Sugerimos, amablemente, que solo habíamos concebido una idea y que tardaríamos meses en perfeccionarla, en colaboración con ellos, para que esta idea se hiciera realidad. No habían tenido en cuenta esta fase de colaboración en el proceso y no podían decir, en ese momento, quién podría tomar las decisiones para ayudarnos a lograrlo. El secretario de estado de Gales, Ron Davies, acababa de dimitir y, en resumen, pensaban que habíamos terminado nuestro diseño durante el concurso.

El encuentro resaltó para nosotros un factor clave inherente al diseño de cualquier sede nueva destinada a las autoridades políticas: que puede ser a menudo un asunto mucho más emocional que cualquier obra que se ejecute para un cliente del sector privado, con una orientación empresarial, y mucho más incluso que otros programas de construcción municipales, tal y como lo hemos experimentado en nuestros tribunales de Burdeos y Amberes. Un cliente privado, responsable, por lo general, solo ante sí mismo, tiene la libertad de tomar decisiones que la clase dirigente política no se puede permitir.

A pesar de esta creciente relación con el cliente, no obstante, resultó difícil extraer comentarios críticos que iniciaran un debate sobre el concepto. Sin otros precedentes que el deseo de que el edificio promoviera la cooperación en lugar de la disposición conflictiva del Palacio de Westminster (los partidos de la oposición se sientan enfrente), todo el equipo del cliente y de los asesores tenía poca o ninguna experiencia en la que inspirarse para hacer avanzar el diseño. Únicamente cuando una organización externa, que representaba a determinados grupos de discapacitados, mostró con razón su preocupación por el concepto, mientras se exhibía públicamente, se planteó un discurso crítico que hizo evolucionar finalmente la idea hacia su forma final.

El diseño presentado de nuevo recibió por fin la aprobación de Rhodri Morgan, el tercer primer ministro de Gales en tres años. Solo un concepto de diseño sencillo, claro y poderoso (una característica esencial, creo yo, para que cualquier diseño de edificio público sea un éxito) podría sobrevivir a este tumultuoso proceso. El hecho de que lo consiguiera no hizo sino demostrar el poder de la idea original. La estética del edificio fue una consecuencia directa de este concepto, lo que nos permitió desarrollarla a lo largo de todo el proceso de aprobación sin los reiterados debates subjetivos que surgen a menudo a partir de diseños excesivamente simbólicos. El Senedd representaba el futuro, sin la pátina de la historia y anclada en el presente, forjándose sus propias referencias.

experience that without this flexibility a building project can be easily derailed. There is always common agreement on quality but the importance of both speed and cost are usually variable, determined not solely on material costs but on procurement processes and types of risk as well.

Looming over all civic projects is the gaze of public scrutiny, the much-repeated argument over costs; would it be better to 'spend the money on a new hospital rather than an expensive talking shop for politicians we never wanted'. A public building is an easy target and any uncertainty over the final cost can become the simplest shot of all.

Public buildings and the discussions about cost are always framed around bad news: over spend, over budget, over run. Fortunately for the Senedd, the Scottish Parliament Building, Edinburgh, by EMBT and RMJM, was being delivered on a similar timescale and, by a real-time comparison of construction cost per square metre, we were able to demonstrate the Senedd was good value. The political debate continued, however, and ultimately the constant strain caused the project to stall.

By their nature, new parliament buildings are few in number. They are a unique career opportunity for an architect and a particular honour to be selected to design. In the construction industry, building costs are generally estimated by continuous benchmarking against similar projects – it allows the professional team to understand the quality desired and whether this is consistent with a client's ambitions – but their relative rarity meant there were no recently constructed parliament buildings in the UK when we set about our design for the Senedd. The two comparable projects, the Scottish Parliament Building and the Greater London Authority headquarters (City Hall), by Foster + Partners, were on the drawing board concurrently with the Senedd. Benchmarking our building as a whole was simply not possible and the alternative, benchmarking elements, was complicated by the Senedd's exemplar demands for design life, sustainability, access, security and material.

Soon after the project started on site it became clear that the Assembly's procurement process – based around the phased release of information, a process normally adopted when speed is of the essence, and without the security of benchmarking costs – risked a dramatic increase in the building's budget. Due to a complex set of reasons we were very publicly removed from the job. We had suggested the procurement method was wrong and that it would inherently lead to cost overruns if pursued. Our eventual re-employment as the architect under a design and build contract substantiated our position.

The Assembly empowered an official who had recent project delivery experience and it was this guidance that brought focus to their decision-making, removing emotion and fixing the brief. This then gave us time to complete the full building design and allowed the builder to agree a fixed-price contract. This new process revealed that there was some flexibility after all: time. The newfound understanding allowed the project to proceed to completion without further incident.

The Senedd was the first building that RSHP were involved in that adopted a sustainable approach across the entire project, from embodied energy, material choices and construction practice, to energy-in-use and design life; factors that led, unusually, to a single-glazed naturally ventilated building.

The liberal use of Welsh slate was justifiable in embodied energy terms over other sources but other materials did not make the cut. There simply was not enough Welsh Forest-Stewardship-Council-approved oak available for the roof. We reserved its use for the furniture instead. We were able to steer dramatically away from the UK government's standard building brief of punched windows in solid walls and blast net curtains to a more open environment by providing a comprehensive proposal for security. This move also helped deliver the biggest change to the physical setting: a business park transformed into a waterside public space; a national asset for the people of Wales.

The result? Well it took twice as long to build and cost twice as much per square metre than imagined at the outset, but importantly, at the end, the National Audit Office confirmed to the Assembly that the Senedd was good value for money.

The Palace of Westminster, the Senedd; they both have histories, only the Senedd's is fresher in the mind. During the final stages of the troubled construction at Westminster, Pugin descended into madness following the submission of his design for the clock tower, known as Big Ben. While, unlike poor Pugin, I was never close to a hospital bed in Bedlam, I can

La représentation du concept a finalement été validée par Rhodri Morgan, troisième premier Ministre du pays de Galles depuis de nombreuses années. Seul un projet architectural simple, clair et fort, condition sine qua non à mon sens pour mener à bien la conception d'un bâtiment public, aurait pu survivre à un tel tumulte comme ce fut le cas pour notre proposition qui a remarquablement confirmé la puissance fédératrice de notre idée originale. L'esthétique générale de l'édifice a été directement dictée par ce concept, ce qui nous a permis de piloter le projet jusqu'à la phase d'approbation et de faire l'économie de nombreux débats subjectifs et répétitifs souvent cantonnés à des considérations trop symboliques. La Senedd se devait d'incarner l'avenir, sans tomber dans le passéisme, en puisant sa force dans le présent pour se forger ses propres références.

J'ai évoqué les contraintes physiques qui ont joué en faveur de la conception, mais dans l'arène publique, les promesses des hommes politiques exercent de nouvelles pressions qui, même si elles fixent des exigences plus fortes, peuvent faire basculer le travail de l'architecte en terrain inconnu. En tant qu'architectes, nous devons composer avec deux constantes en matière de construction : les règlementations en matière de construction garantissent le caractère universel des normes, et la législation garantit la libre commercialisation des produits et des services. Les promesses politiques, même si elles sont bien intentionnées, peuvent perturber l'application de ces constantes. L'engagement à produire un édifice exemplaire sur le plan du développement durable et la volonté inflexible de construire un bâtiment gallois uniquement avec des matériaux gallois, même indisponibles, ont compromis les dotations budgétaires décidées à l'avance. Les influences extérieures peuvent également désorganiser même les projets planifiés avec le plus grand soin si aucune marge de manœuvre n'est concédée. Dans notre cas, nous avons dû intégrer au projet des mesures de sécurité sans précédent après les attaques terroristes du onze septembre.

Lors de la conception de la Senedd, ces problématiques ont été traitées sans même la possibilité de débattre de l'équilibre entre coût, durée et qualité. Aucune concession n'a été envisagée dans la mesure où les politiques s'étaient engagés à tenir toutes leurs promesses. Nous savons d'expérience que sans une certaine flexibilité, n'importe quel projet de construction peut facilement échouer. Tout le monde s'accorde toujours sur la qualité, mais l'importance d'avancer rapidement et à moindre coût varie généralement en fonction du prix des matériaux, mais aussi des procédures de passation des marchés, ainsi que des types de risques encourus.

Aucun bâtiment civil n'échappe au regard critique du public, ni à l'argument récurrent du coût ; ne serait-il pas plus utile de « consacrer cet argent à la construction d'un nouvel hôpital plutôt qu'à une tribune de débats politiques onéreuse que nous n'avons jamais souhaitée ? ». Un bâtiment public offre une cible parfaite. Le moindre doute sur son coût final peut suffire à cristalliser tous les mécontentements.

Or, les édifices publics et les débats autour de leur facture pour le contribuable ont souvent mauvaise presse : montants des dépenses qui explosent, dépassement de budget, hors budget. Heureusement pour la Senedd, le parlement écossais à Édimbourg conçu par EMBT et RMJM a été livré dans un délai similaire et, à comparaison égale du coût réel de construction par mètre carré, nous sommes parvenus à démontrer que la Senedd présentait un bon rapport qualité/prix. Le débat politique n'a pas cessé pour autant, les crispations constantes ayant fini par paralyser le projet.

Par définition, les nouveaux édifices parlementaires sont peu nombreux. Ils constituent une chance unique dans la carrière d'un architecte qui a l'immense honneur de s'en voir confier la conception. Dans le secteur de la construction, il est d'usage d'estimer en permanence les coûts par rapport à des projets de même ampleur. Cette méthode permet ainsi à l'équipe de professionnels de se faire une idée du niveau de qualité souhaité et de déterminer si ce niveau répond effectivement aux ambitions du client. Or, lorsque nous avons démarré le projet de la Senedd, il a été difficile de se référer à un projet similaire tant le nombre de parlements de construction récente reste rare au Royaume Uni. Les deux seuls projets comparables, à savoir l'édifice du Parlement écossais et le siège de l'Autorité du Grand Londres (l'Hôtel de ville) par Foster + Partners, étaient encore à l'étude,

He hablado de las limitaciones físicas que impulsan positivamente el diseño pero, en la plaza pública, las promesas de los políticos introducen nuevas limitaciones que, a la vez que elevan los estándares, pueden llevar al edificio a un territorio desconocido. Como arquitectos, somos conscientes de que existen dos constantes en la construcción: que las regulaciones sobre construcción existen para garantizar que los estándares sean universales y que la legislación garantiza un mercado libre para productos y servicios. Las promesas de los políticos, aunque fundadas en buenas intenciones, pueden desbaratar estas constantes. El compromiso con un rendimiento sostenible ejemplar y el deseo inflexible de construir un edificio galés a partir de materiales de Gales exclusivamente, aunque no estén disponibles, han complicado la dotación presupuestaria preestablecida. Las influencias externas pueden trastocar incluso el proyecto planificado con mayor cuidado si no hay espacio para maniobrar y, en nuestro caso, teníamos unas exigencias de seguridad sin precedentes que debíamos tener en cuenta después de los ataques terroristas del 11-S.

En el desarrollo del Senedd, nos enfrentamos a estos problemas sin la oportunidad de plantear un debate sobre el equilibrio de costes, plazos y calidad. No había aspectos flexibles, ya que los políticos habían hecho promesas sobre todos ellos. Sabemos, gracias a nuestra gran experiencia, que sin esta flexibilidad, un proyecto de construcción puede descarrilar fácilmente. Siempre se suele llegar a un acuerdo común sobre la calidad pero la importancia de la rapidez y el coste suele ser variable: viene determinada no solo por los costes de los materiales sino también por los procesos de contratación, así como por los tipos de riesgos.

Por encima de todos los proyectos municipales sobrevuela la mirada de la opinión pública, el manido argumento sobre los costes: no sería mejor «gastar el dinero en un nuevo hospital en lugar de en una costosa tertulia para políticos que nunca quisimos». Un edificio público es un objetivo fácil y cualquier duda sobre el coste final puede ser la crítica más fácil de todas.

Los edificios públicos y los debates sobre los costes se enmarcan siempre en torno a puntos negativos: gastos excesivos, presupuestos rebasados y plazos vencidos. Afortunadamente para el Senedd, el edificio del Parlamento de Escocia, en Edimburgo, realizado por EMBT y RMJM, se iba a entregar en un plazo de tiempo similar y, al comparar en tiempo real el coste de construcción por metro cuadrado, pudimos demostrar que el Senedd tenía una excelente relación calidad-precio. El debate político continuó, no obstante, y finalmente la constante presión provocó el estancamiento del proyecto.

Por su naturaleza, el número de edificios de parlamentos nuevos es escaso. Representa una oportunidad única en la carrera de un arquitecto y es un auténtico honor ser elegido para diseñarlo. En el sector de la construcción, los costes de edificación se suelen estimar, por lo general, mediante la evaluación comparativa continua con proyectos similares (esto permite al equipo de profesionales comprender la calidad deseada y si es coherente con las ambiciones de un cliente) pero su relativa singularidad suponía que no había edificios de parlamentos construidos recientemente en el Reino Unido cuando realizamos nuestro diseño para el Senedd. Los dos proyectos comparables, el edificio del Parlamento de Escocia y la sede de la Autoridad del Gran Londres (Ayuntamiento), de Foster + Partners, estaban en preparación a la vez que el Senedd. La evaluación comparativa de nuestro edificio en su conjunto era sencillamente imposible y la alternativa, la evaluación comparativa de elementos, se complicó debido a las exigencias ejemplares del Senedd sobre durabilidad, sostenibilidad, acceso, seguridad y materiales.

Nada más iniciar el proyecto in situ, quedó claro que el proceso de contratación de la Asamblea (basado en la publicación progresiva de información, un proceso que se adopta normalmente cuando la rapidez es esencial y sin la seguridad de los costes comparados) podría provocar un drástico incremento del presupuesto del edificio. Debido a toda una compleja serie de motivos, fuimos públicamente excluidos del proyecto. Sugerimos que el método de contratación presentaba ciertas deficiencias y que llevaría intrínsecamente a unos costes excesivos en caso de continuar con él. Al contratarnos de nuevo como arquitectos con un contrato de diseño y construcción, finalmente se afianzó nuestra posición.

empathise with the complexities of a government project that may have driven him there. The public buildings featuring in this book will all have similar stories to tell that demonstrate the determination of many to realise their existence. I have great admiration for all those involved, and their particular dedication and tolerance to working under such great public scrutiny.

parallèlement à la Senedd. Il était donc tout simplement impossible de comparer le coût global du bâtiment. L'autre solution envisageable qui consiste à se référer à des éléments de coût comparables a en outre été compromise par les exigences d'édifier un bâtiment exemplaire en matière de durabilité, de développement durable, d'accessibilité, de sécurité et de matériaux respectueux de l'environnement.

Peu de temps après le début des travaux sur site, la procédure de passation des marchés de l'Assemblée, qui se fonde sur la communication échelonnée des informations, un processus normalement adopté lorsque la rapidité est essentielle en l'absence de référencement des coûts, a clairement menacé de faire considérablement augmenter le budget initial. Pour tout un ensemble de raisons complexes, le projet nous a été officiellement et publiquement retiré. Nous avions pourtant dénoncé la méthode de passation de marché et le risque qu'elle génère des surcoûts si elle était maintenue. Le fait que nous ayons été rappelés à nos fonctions d'architectes du projet aux termes d'un contrat « conception / construction » nous a finalement confortés dans notre position.

L'Assemblée a fini par mandater un agent ayant récemment travaillé à la livraison d'un projet. Ses recom-mandations ont permis de concentrer les efforts sur une prise de décision totalement désintéressée et sur la fixation d'un cap à tenir. Grâce aux délais ainsi accordés, nous avons pu terminer la conception complète du bâtiment et négocier avec le constructeur un contrat à prix fixe. Cette nouvelle façon de travailler a révélé une certaine souplesse en fin de compte. La nouvelle compréhension ainsi instaurée a permis de mener le projet jusqu'à son terme sans autre incident.

La Senedd a été le premier édifice pour lequel RSHP a adopté une approche durable de bout en bout du projet, qu'il s'agisse de son contenu énergétique, du choix des matériaux, des procédés de construction, des énergies consommées et de la pérennité du projet, autant de facteurs qui ont contribué, de manière exceptionnelle, à l'édification d'un ouvrage entièrement vitré et naturellement ventilé.

Le recours généreux à l'ardoise galloise s'est justifié en termes de contenu énergétique. Ce matériau a donc été préféré à d'autres sources, même si d'autres matériaux n'ont pas été retenus. Ainsi, nous n'avions tout simplement pas assez de chênes ayant obtenu la certification galloise FSC (Forest Stewardship Council - Conseil de la bonne gestion forestière) pour le toit. Nous avons donc réservé ce matériau à la fabrication du publimeuble. Nous avons pris d'importantes libertés par rapport au cahier des charges classique du gouvernement britannique qui préconise notamment des fenêtres poinçonnées encastrées dans des murs massifs et des rideaux anti-déflagration afin de concevoir un environnement plus ouvert tout en soumettant une proposition exhaustive en matière de sécurité. Grâce à cette approche, nous avons pu modifier en profondeur le cadre physique : une zone d'affaires transformée en un espace public en bord de mer, un bien national pour tout le peuple gallois.

Et pour quel résultat ? Et bien, la construction du projet a pris deux fois plus de temps qu'escompté et a coûté deux fois plus que le budget initialement prévu, mais au final, le plus gratifiant est que le National Audit Office (Cour des comptes britannique) a confirmé à l'Assemblée que la Senedd s'est avérée un investissement rentable.

Le Palais de Westminster, la Senedd, deux ouvrages avec leur propre histoire. Seule différence, la Senedd restera dans les esprits la construction la plus récente. Durant les dernières années de la construction mouvementée de Westminster, Pugin a sombré dans la folie après la soumission de son projet pour la tour horloge connue sous le nom de Big Ben. Si, contrairement à ce malheureux Pugin, je n'ai jamais été admis à Bedlam (hôpital psychiatrique de Londres), je peux dire aujourd'hui avoir pris la mesure des complexités que soulève un projet public, celles-là mêmes qui ont conduit mon prédécesseur à sa triste fin. Les bâtiments publics illustrés dans cet ouvrage raconteront sans doute des histoires semblables, toutes faisant honneur à la détermination de ceux qui ont contribué à leur donner forme. J'ai une grande admiration pour toutes ces personnes qui se sont impliquées, et pour leur dévouement particulier et la grande tolérance dont elles font preuve dans leur travail dont le fruit est toujours soumis aux critiques du public.

La Asamblea facultó a un funcionario que contaba con experiencia reciente en la ejecución de proyectos y, gracias a su orientación, se dio protagonismo a la toma de decisiones, quitando emoción al asunto y estableciendo indicaciones. Esto nos dio tiempo para finalizar todo el diseño del edificio y permitió al constructor establecer un contrato con un precio fijo. Este nuevo proceso reveló que, a pesar de todo, había cierta flexibilidad: el tiempo. El nuevo acuerdo permitió al proyecto proseguir hasta su conclusión sin más incidentes.

El Senedd fue el primer edificio en el que se implicó RSHP que adoptó un planteamiento sostenible a lo largo de todo el proyecto, desde la energía incorporada, selección de materiales y prácticas de construcción, hasta la energía en uso y la durabilidad; factores que desembocaron, de forma excepcional, en un edificio con ventilación natural y simple acristalamiento.

El uso abundante de pizarra galesa estaba justificado en términos de energía incorporada sobre otras fuentes pero otros materiales no dieron la talla. Simplemente no había suficiente roble aprobado por el Consejo de Administración de Bosques de Gales para el tejado. Así que reservamos su uso para el mobiliario. Podíamos desviarnos radicalmente de los planes de construcción estándar del Gobierno del Reino Unido con ventanas perforadas en sólidas paredes y cortinas antiexplosión hacia un entorno más abierto al ofrecer una propuesta global de seguridad. Esta medida también ayudó a proporcionar el cambio más significativo en el marco físico: un parque empresarial convertido en un espacio público junto al agua, un patrimonio nacional para los habitantes de Gales.

¿Y cuál fue el resultado? Tardamos dos veces más en construirlo y costó el doble por metro cuadrado de lo previsto al principio pero, lo que es más importante, al final, la Oficina Nacional de Auditoría confirmó a la Asamblea que el Senedd ofrecía una buena relación calidad-precio.

El Palacio de Westminster y el Senedd tienen ambos su propia historia, con la diferencia de que la del Senedd está más fresca en nuestra memoria. Durante las fases finales de la accidentada construcción de Westminster, Pugin enloqueció tras la presentación de su diseño para la torre del reloj, conocida como Big Ben. Aunque yo, a diferencia del pobre Pugin, nunca ocupé una cama del hospital psiquiátrico de Bedlam, puedo entender las complejidades de un proyecto gubernamental que pudo llevarle hasta allí. Los edificios públicos que aparecen en este libro tendrán todos historias similares que contar, lo que demuestra la determinación de los que contribuyeron a materializar su existencia. Siento una gran admiración por todos los que participaron y su especial dedicación y tolerancia para trabajar bajo la atenta mirada de la opinión pública.

オーストリア共和国国会議事堂
Austrian Parliament Building

ウィーン、オーストリア共和国
設計：テオフィル・ハンセン、1883年

ウィーン中心部のリングシュトラーセの噴水には、知恵の女神パラス・アテネを模した高さ5.5メートルの威厳ある彫像が、ヨーロッパでも名高い国会議事堂の壮大なファサード（正面玄関）の前に誇らしげに立っています。建物は元々ハプスブルク帝国議会の所在地でしたが、1919年に第一共和国が成立したことで国会議事堂となったのです。

　その半分が破壊された第二次世界大戦の後、1945年にオーストリアは再び連邦共和国であることを宣言したため、修復された建物には国民議会場と連邦議会場の2つが所在しています。ハンセンの設計は、かつて彼が手がけたアテネのザピオン国際展示場と明らかな類似点を持っており、民主主義の重要性を反映させるための明確な意図のもとに採用された新ギリシャ様式の伝統的な造りとなっています。

オーストリア共和国国会議事堂、ウィーン、オーストリア共和国

In a fountain on the Ringstraße in central Vienna, a commanding 5.5-metre-tall sculpture of Pallas Athene, the goddess of wisdom, stands proudly before the magnificent façade of one of Europe's most storied parliaments. Originally the seat of legislature for the Habsburg Empire, it became the parliament for the First Austrian Republic in 1919. Austria declared itself a federal republic once again in 1945, after the Second World War, which saw half the building destroyed. Today the restored building houses the National and Federal Councils. Hansen's design, with clear parallels to his previous work on the Zappeion Hall in Athens, is in the neo-Greek tradition – a style specifically chosen to reflect the importance of democracy.

Juchée sur une fontaine de la Ringstraße en plein centre de Vienne, une impressionnante sculpture de 5,5 mètres de haut de la Pallas Athéna, déesse de la sagesse, se dresse fièrement devant la somptueuse façade de l'un des parlements le plus prestigieux d'Europe. À l'origine siège du pouvoir législatif sous l'Empire des Habsbourg, le bâtiment devint le parlement de la première république autrichienne en 1919. Au lendemain de la Seconde Guerre mondiale, au cours de laquelle le bâtiment fut à moitié détruit, l'Autriche s'autoproclama de nouveau république fédérale en 1945. Aujourd'hui, l'édifice restauré abrite les chambres du Conseil national et du Conseil fédéral. La conception architecturale d'Hansen, qui rappelle clairement ses précédents travaux sur le Zappéion à Athènes, s'inscrit précisément choisi pour symboliser l'importance de la démocratie.

En una fuente de la Ringstraße, en el centro de Viena, una imponente escultura de 5,5 metros de altura de Palas Atenea, la diosa de la sabiduría, se yergue orgullosa ante la magnífica fachada de uno de los parlamentos más ilustres de Europa. Tras ser originalmente la sede legislativa del Imperio de los Habsburgo, se convirtió en el parlamento de la Primera República de Austria en 1919. Después de la Segunda Guerra Mundial, en la que la mitad del edificio quedó destruida, Austria se declaró república federal de nuevo en 1945. Actualmente, el edificio restaurado alberga los Consejos Nacional y Federal. El diseño de Hansen, que muestra un claro paralelismo con su anterior trabajo en el Zappeion de Atenas, sigue la tradición neogriega, estilo que se eligió expresamente para resaltar la importancia de la democracia.

オーストリア共和国国会議事堂、ウィーン、オーストリア共和国

国会議事堂（リクスダーゲン）
Parliament House

ストックホルム、スウェーデン王国
設計：アロン・ヨハンソン、1905年

　ストックホルム旧市街地のヘランズホルメン島に部分的に位置しているリクスダーゲンの建物群は、元々は議事堂およびスウェーデン国立銀行の両方を設置するために建設されたものでした。正面に見える東棟は、国家の紋章やスウェーデンの寓話的表現である母スヴェアの彫像を備えたネオ・バロック様式のファサード（正面玄関）の華々しさにあり、リクスダーゲンの新しい本拠地として用意されたのです。

　独特な半円形をしている西棟は、1971年に新たな政府議事堂として改装されるまでは国立銀行の本部であり、また東西の建物の間を通る歩行者用道路をまたぐ、2つの巨大アーチによって両棟はつながっています。

The complex of the Riksdag, partially situated on the island of Helgeandsholmen in the old town of Stockholm, was originally constructed to house both the parliament and the Swedish National Bank. The east wing, at the front, was to be the new home of the Riksdag, as reflected in its grand, neo-Baroque façade, complete with the national coat of arms and statue of Mother Svea, the allegorical representation of Sweden. The west wing, with its distinctive semicircular shape, was home to the National Bank until 1971, when it was repurposed as a new government assembly hall, and the wings are connected by two large arches that straddle a pedestrianised street below.

Le complexe du Riksdag, en partie situé sur l'île d'Helgeandsholmen dans le vieux centre-ville de Stockholm, a été initialement construit pour héberger à la fois le parlement et la banque centrale de Suède. L'aile orientale, à l'avant, a été déclarée nouveau siège du Riksdag, à l'image de son imposante façade néobaroque, que viennent agrémenter les armoiries nationales et la statue de Mère Svea, figure allégorique de la Suède. L'aile occidentale, avec sa forme caractéristique en demi-sphère, a hébergé la Banque nationale jusqu'en 1971, année durant laquelle l'aile fut recyclée en nouvelle salle de l'Assemblée gouvernementale. Les deux ailes sont reliées entre elles par deux larges arches qui surplombent une rue piétonne en contrebas.

国会議事堂(リクスダーゲン)、ストックホルム、スウェーデン王国

La estructura del Riksdag, situada parcialmente en la isla de Helgeandsholmen en el casco antiguo de Estocolmo, se construyó originalmente para albergar tanto el parlamento como el Banco Nacional de Suecia. El ala este, al frente, se convirtió en la nueva sede del Riksdag, tal como se refleja en su grandiosa fachada neobarroca, adornada con el escudo nacional y la estatua de la Madre Svea, representación alegórica de Suecia. El ala oeste, con su característica forma semicircular, fue sede del Banco Nacional hasta 1971, año en que se replanteó como nueva asamblea legislativa. Ambas alas están unidas por dos amplios arcos que dan paso a una calle peatonalizada en su parte inferior.

国会議事堂（リクスダーゲン）、ストックホルム、スウェーデン王国

南アフリカ共和国国会議事堂
Houses of Parliament

ケープタウン、南アフリカ共和国
設計：チャールズ・フリーマン、ヘンリー・グリーヴス、
ハーバート・ベイカー、1885年

1853年にヴィクトリア女王は南アフリカのケープ植民地への議会設立を承諾し、それにより1875年に国会議事堂の建設が開始されました。当初の建築家の解雇を含む数多の動乱に直面しつつも、1885年までに建物は完成したのです。

議事堂の優雅なコリント式柱廊玄関や素晴らしい半球体の屋根は、世を揺るがす出来事の数々、中でもボーア戦争や二度の世界大戦、国民党政権によるアパルトヘイトの導入、1961年の国家独立、そしてアパルトヘイトの段階的な撤廃へとつながる1994年の選挙を目撃してきた、世界で最も印象的な政治の舞台の1つです。

In 1853 Queen Victoria granted permission for the establishment of a parliament in the Cape Colony, and construction on the Houses of Parliament began in 1875. It faced numerous upheavals – including the dismissal of the original architect – but was completed by 1885. The building's statuesque Corinthian porticos and impressive dome are fitting for one of the most dramatic political arenas in the world: it has been witness to, among other turbulent events, the Second Anglo-Boer War, the First and Second World Wars, the introduction of apartheid by the National Party, withdrawal from the Commonwealth in 1961, and the democratic elections of 1994, which began the gradual dissolution of apartheid.

南アフリカ共和国国会議事堂、ケープタウン、南アフリカ共和国

En 1853, la reine Victoria autorisa la colonie du Cap à bâtir un parlement. Les travaux de construction du parlement débutèrent en 1875. En dépit de nombreux bouleversements dont la démission de l'architecte à l'origine du projet, les travaux furent achevés en 1885. Les imposants portiques de style corinthien, de même que l'impressionnante coupole de l'édifice servent de décor à l'une des scènes politiques parmi les plus mouvementées du monde qui a été témoin, entre autres turbulences politiques, de la Guerre des Boers, de la Première et de la Seconde Guerre mondiale, de l'introduction de l'apartheid par le Parti national, de l'accession à l'indépendance en 1961, et des élections démocratiques en 1994, qui mirent progressivement fin à l'apartheid.

En 1853, la reina Victoria concedió un permiso para la creación de un parlamento en la colonia de El Cabo, pero la construcción de las cámaras del parlamento no se inició hasta 1875. Tras superar diversas turbulencias, incluida la destitución del arquitecto original, las obras finalizaron en 1885. Los esculturales pórticos corintios del edificio y la impresionante cúpula son dignos de uno de los marcos políticos más espectaculares del mundo: ha sido testigo, entre otros acontecimientos turbulentos, de la Guerra Anglo-Bóer, la Primera y la Segunda Guerras Mundiales, el establecimiento del apartheid por el Partido Nacional, la independencia lograda en 1961 y las elecciones democráticas celebradas en 1994, que marcaron el comienzo de la progresiva disolución del apartheid.

ハンガリー国会議事堂の巨大な建物は、1867年のオーストリア＝ハンガリー帝国成立を受け数年かけて構想されたもので、その建築には20年以上の歳月と4千万個のレンガ、金40キログラムが費やされました。ドナウ河岸に位置し、ルネッサンス・リバイバル様式の円天井(まるてんじょう)を持つネオ・ゴシック大建築の建設は1885年に開始され、そして未完成にもかかわらず、1896年に建国千年を記念して落成したのです。

およそ一世紀の後、1989年10月には暫定大統領のマーチャーシュ・スーレシュが、手の込んだ27の尖塔(せんとう)の下に構える白い彫刻に縁取られたバルコニーの1つに立ち、ハンガリー第三共和国の樹立を宣言して四十年間続いた共産主義体制に終わりを告げました。

ハンガリー国会議事堂
Hungarian Parliament Building

ブダペスト、ハンガリー
設計：イムレ・シュタインドル、1904年

The colossal Hungarian Parliament Building was conceived in the years following the 1867 Austro-Hungarian Compromise, and was more than twenty years, 40 million bricks, and 40 kilogrammes of gold in the making. Situated on the banks of the Danube, construction on the neo-Gothic edifice, with its Renaissance Revival dome, began in 1885, and although incomplete the building was inaugurated in 1896 to commemorate the nation's millennium. Almost a century later, in October 1989, Mátyás Szűrös stood on one of the building's balconies, framed by its white sculptures and beneath its twenty-seven intricate spires, to declare the Third Hungarian Republic, signalling an end to four decades of communism.

Les plans de l'imposant édifice du Parlement hongrois ont été dessinés dans les années qui suivirent la signature du Compromis austro-hongrois en 1867. Son chantier a nécessité plus de vingt ans de travaux, 40 millions de briques, et 40 kilogrammes d'or. Situé sur les berges du Danube, les travaux de construction de l'édifice de style néo-gothique, avec son dôme de tradition néo-renaissance, débutèrent en 1885. Bien qu'inachevé, l'édifice fut inauguré en 1896 pour commémorer le millénaire de la nation. Près d'un siècle plus tard, en octobre 1989, depuis l'un des balcons du bâtiment, encadré de sculptures blanches, sous les vingt-sept flèches qui ornent le toit du parlement, Mátyás Szűrös proclama la troisième république hongroise, marquant la fin de quatre décennies de communisme.

El colosal edificio del Parlamento húngaro se diseñó en los años anteriores al Compromiso Austro-húngaro de 1867. Se tardó más de 20 años en su ejecución, que requirió 40 millones de ladrillos y 40 kilos de oro. Situado a orillas del Danubio, la construcción del edificio neogótico, con su cúpula neorrenacentista, comenzó en 1885 y en 1896, antes de acabarlo, se inauguró el edificio para celebrar los mil años de existencia de la nación. Casi un siglo después, en octubre de 1989, Mátyás Szűrös se presentó en uno de los balcones del edificio, enmarcado por esculturas blancas y bajo veintisiete intrincadas agujas, para proclamar la Tercera República Húngara, lo que marcó el fin de cuatro décadas de comunismo.

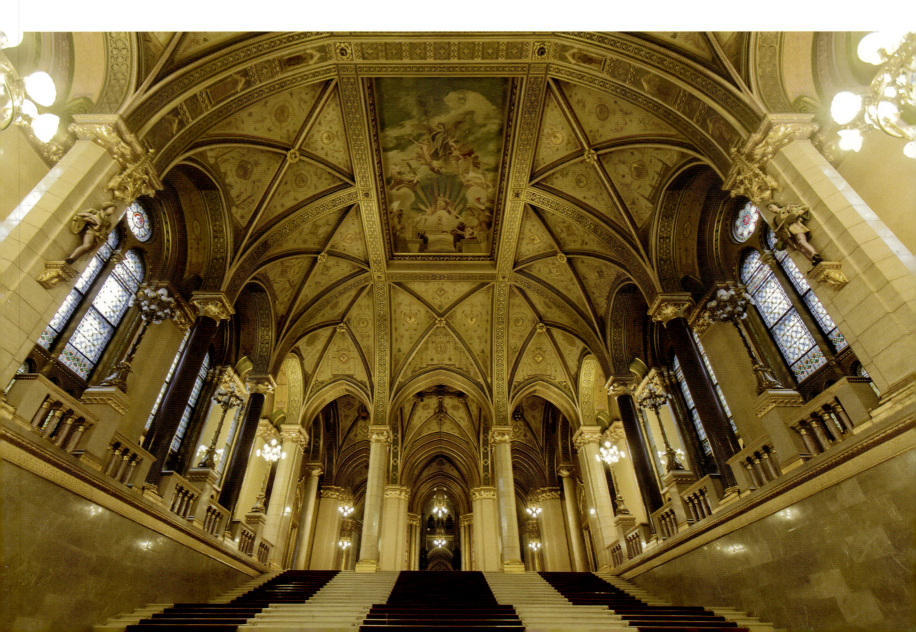

国会議事堂 (旧王宮)
Old Royal Palace

アテネ、ギリシャ共和国
設計：フリードリッヒ・フォン・ゲルトナー、1843年
アンドレアス・クリエジス、1929年

かつて国王オソン一世のために建てられた旧王宮は、1935年にギリシャ議会の本拠地となりました。立派な建物は厳格ながらも印象的で、ゲルトナーによる新古典主義のデザインは機能性と古代ギリシャの美的思想という要素を兼ね備えています。

1924年にギリシャは君主制から共和制に移行したため、建物は王族の所有から解放され、さらに5年後には政府は議会および上院をその建物内へと移転することを決定しました。かつての王宮はアンドレアス・クリエジスの指揮下で改装がなされ、1935年には国家が王政復古したにも関わらず、移転以来ずっと、その場へと議会は留まり続けています。

The Old Royal Palace, originally built for King Otto, became home to the Hellenic Parliament in 1935. The palace is austere but imposing, Gärtner's neoclassical design combining functionality with elements of the Ancient Greek aesthetic. In 1924, Greece transitioned from monarchy to republic; the building was abandoned by the royal family and five years later the government decided to move the parliament and senate into the building. The palace was converted under the direction of Andreas Kriezis, and although the monarchy was reinstated in 1935, the parliament has remained there since.

国会議事堂 (旧王宮)、アテネ、ギリシャ共和国

L'ancien Palais royal, à l'origine édifié pour le Roi Othon 1er de Grèce, est devenu le siège du parlement grec en 1935. Austère mais imposant, le palais construit par Gäertner dans un style néoclassique allie fonctionnalité et esthétique de la Grèce antique. En 1924, la Grèce a basculé de la monarchie à la république. Abandonné par la famille royale, le bâtiment finit par accueillir cinq ans plus tard le Parlement et le Sénat sur décision du gouvernement. Les travaux d'aménagement du palais furent confiés à Andreas Kriezis. Le Parlement y réside depuis, même pendant la restauration de la monarchie en 1935.

El antiguo Palacio Real, construido originalmente por el rey Otón, se convirtió en la sede del Parlamento Helénico en 1935. El diseño neoclásico de Gärtner para este palacio, austero e imponente a la vez, combina funcionalidad y elementos estéticos de la antigua Grecia. El año 1924 marcó la transición de Grecia de monarquía a república: la familia real abandonó el palacio y cinco años después el gobierno decidió trasladar el Parlamento y el Senado al nuevo edificio. El palacio se transformó bajo la dirección de Andreas Kriezis y, aunque la monarquía se restableció en 1935, el Parlamento siguió ocupando el mismo lugar.

議事堂宮殿（国民の館）
Palace of Parliament

ブカレスト、ルーマニア
設計：アンカ・ペトレスク、1986年

　延床面積36万平方メートルという途方もない広さの中で、少々皮肉をこめてカーサ・ポポルルイ（国民の館）と呼ばれていた巨大な議事堂宮殿は、ルーマニアの歴史にとって最も暗い時代の1つ、非道な共産党員の独裁者であるニコラエ・チャウシェスク大統領の統治期に建てられました。基礎工事は1983年に2万人の労働者によって開始され、1日24時間の労働が年中無休で強いられました。

　その一方、国民の生活水準はかつてないほどの低さにまで急落したのです。1989年に革命が起き、チャウシェスク政権が転覆し処刑された際には、建物はほとんど完成間近でした。時が経ち新たな改築が行われて議会や現代美術館が開かれたことで人々は宮殿に理解を示すようになりましたが、その半分以上は今もなお未使用のままとなっています。

議事堂宮殿（国民の館）、ブカレスト、ルーマニア

Spanning a colossal 340,000 square metres, the leviathan Palace of Parliament – originally, and somewhat ironically, named Casa Poporului ('House of the People') – was built during one of the darkest periods of Romania's history: the reign of tyrannical Communist dictator Nicolae Ceaușescu. Construction began in 1983 with 20,000 labourers, work going on twenty-four hours per day, seven days a week, while standards of living plummeted to an all-time low. It was almost complete when the revolution began in 1989 and Ceaușescu was overthrown and executed. In time, the people have come to appreciate the palace, which today houses the parliament and the Museum of Contemporary Art – but more than half of it remains unoccupied.

議事堂宮殿（国民の館）ブカレスト、ルーマニア

Occupant une incroyable surface de 340 000 mètres carrés, le colossal Palais du Parlement, à l'origine appelé, ironie du sort, la Casa Poporului (la « Maison du peuple »), a été construit durant la période la plus sombre de l'histoire roumaine, sous le règne du dictateur communiste tyrannique Nicolae Ceaușescu. Les travaux de construction débutèrent en 1983 et mobilisèrent 20 000 ouvriers à raison de vingt-quatre heures de travail par jour, sept jours sur sept, alors que les conditions de vie étaient à leur niveau le plus bas. L'édifice était quasiment achevé en 1989 lorsque la révolution éclata conduisant au renversement et à l'exécution de Ceaușescu. Au fil du temps, le peuple roumain a appris à apprécier le palais qui accueille aujourd'hui le Parlement et le Musée d'art contemporain. Plus de la moitié de l'édifice reste cependant inoccupée.

Con una superficie colosal de 340.000 metros cuadrados, el Palacio del Parlamento, un auténtico leviatán, llamado originalmente, de forma algo irónica, Casa Poporului («Casa del Pueblo») se edificó durante uno de los períodos más sombríos de la historia de Rumanía: el gobierno del tiránico dictador comunista Nicolae Ceaușescu. Las obras, iniciadas en 1983 con la colaboración de 20.000 obreros, se llevaron a cabo 24 horas al día, siete días a la semana, mientras el nivel de vida se desplomaba a mínimos históricos. In 1989, estando prácticamente finalizado, comenzó la revolución que derrocó y ejecutó a Ceaușescu. Con el tiempo, se ha llegado a apreciar más el palacio, que alberga actualmente el Parlamento y el Museo de Arte Contemporáneo, pero más de la mitad del edificio sigue desocupada.

　ユニオンビルは南アフリカ政府の公式所在地ならびに大統領官邸です。1910年の南アフリカ連邦発足とともにプレトリアが行政上の首都となり、建物の土台はその年のうちに敷かれました。現地産の淡い色味をした砂岩を用い建築されたその建物群は、かつて分断されていた人々の融和を象徴する2つの翼を一体とした半円形をしています。

　ユニオンビルは1994年にネルソン・マンデラが国民が選んだ初の共和国大統領に任命された場所であり、また2013年には高さ9メートルのブロンズ像が彼の追悼として除幕された、南アフリカ共和国を象徴する建築物なのです。

ユニオンビル
Union Buildings

プレトリア、南アフリカ共和国
設計：ハーバート・ベイカー、1913年

The Union Buildings are the official seat of the South African government and the offices of the president. Pretoria became the administrative capital of South Africa in 1910, with the formation of the Union of South Africa, and the cornerstone of the building was laid later that year. Built from indigenous light sandstone, the complex forms a semicircle with two wings, which represents the union of a once-divided people. Union Buildings is an iconic landmark for South Africa; it was here, in 1994, that Nelson Mandela was inaugurated as the first democratically elected president, and in 2013 a 9-metre-high bronze statue was unveiled on the grounds in his memory.

ユニオンビル、プレトリア、南アフリカ共和国

Les Union Buildings (Bâtiments de l'Union) sont le siège officiel du gouvernement sud-africain et accueillent les bureaux du président. Pretoria est devenue la capitale administrative de l'Afrique du Sud en 1910, avec la formation de l'Union d'Afrique du Sud. La première pierre de l'édifice fut posée la même année. Construit à partir de grès clair de la région, le complexe forme une demi-sphère flanquée de deux ailes et symbolise l'union d'un peuple autrefois divisé. Union Buildings est un haut lieu emblématique de l'Afrique du Sud ; c'est ici que Nelson Mandela fut officiellement intronisé premier président élu démocratiquement en 1994, et qu'une statue de bronze de 9 mètres de haut fut inaugurée en 2013 en sa mémoire.

En los Edificios de la Unión se encuentran la sede oficial del Gobierno de Sudáfrica y el despacho del presidente. En 1910, gracias a la formación de la Unión Sudafricana, Pretoria se convirtió en la capital administrativa del país. La primera piedra del edificio se colocó ese mismo año unos meses más tarde. El conjunto de edificios, construido en una piedra arenisca ligera autóctona, forma un semicírculo con dos alas, que representa la unión de un pueblo antaño dividido. Los Edificios de la Unión constituyen un monumento emblemático para Sudáfrica: en 1994, fue aquí donde Nelson Mandela fue investido presidente, el primero por elección democrática, y, en 2013, se erigió en los jardines una estatua de bronce de nueve metros en su memoria.

クネセト
The Knesset Building

エルサレム、イスラエル国
設計：ヨーゼフ・クラルヴァイン、1966年

　クネセトの建物は、複雑な政府の価値観を反映しています。3つの鉄門の背後には飾り気のない長方形の複合建築物が建っており、その各側面はパルテノン神殿を現代的かつ防衛面から解釈した、10本の円柱で飾られています。エルサレム総主教庁からの借地にあるクネセトの建物は、ユダヤ系財閥ロスチャイルド家のパリでの開祖ジェームス・ド・ロチルドからの寄付金で建設されました。

　クネセトへの来訪者は本会議場での議論を自由に見ることができ、ユダヤ系ロシア人の芸術家マルク・シャガールによる聖書の時代からイスラエルの近代国家建国に至るまでのユダヤ人の旅路を表現した色彩豊かなタペストリーやモザイク画で室内装飾をなされた受付エリア、シャガール・ホールを眺めることができます。

クネセト、エルサレム、イスラエル国

The Knesset Building reflects the values of a complex government; behind three iron gates stands the austere rectangular complex, each side adorned with ten columns, in a modern, defensive interpretation of the Parthenon. Situated on land leased from the Greek Orthodox Patriarchate of Jerusalem, the Knesset Building was constructed using funds donated by James A. de Rothschild. Inside, visitors to the Knesset can watch debates in the main Plenary Hall and view the Chagall Hall, a reception area decorated by renowned artist Marc Chagall, whose colourful tapestries and mosaics depict the journey of the Jewish people from Biblical times to the founding of the modern state of Israel.

La Knesset incarne les valeurs d'un gouvernement complexe ; trois portails en fer s'ouvrent sur l'austère complexe rectangulaire, dont chaque côté est orné de dix colonnes, dans une réécriture moderne et défensive du Parthénon. Située sur un terrain loué au Patriarcat orthodoxe grec de Jérusalem, la Knesset a été construite grâce aux fonds levés par James A. de Rothschild. À l'intérieur, les visiteurs peuvent assister aux débats dans la principale salle des séances plénières et admirer le Hall Chagall, salon de réception décoré par l'artiste de renom Marc Chagall, dont les tapisseries et les mosaïques chatoyantes retracent l'histoire du peuple juif depuis l'époque biblique jusqu'à la création de l'état moderne d'Israël.

El edificio de la Knéset refleja los valores de un gobierno complejo; detrás de tres puertas de hierro se encuentra un conjunto rectangular austero, cada uno de cuyos lados está adornado por diez columnas, en una interpretación moderna y defensiva del Partenón. Situado en una tierra arrendada al patriarca griego ortodoxo de Jerusalén, el edificio de la Knéset se construyó gracias a unos fondos donados por James A. de Rothschild. En el interior, los visitantes de la Knéset pueden asistir a debates en el Salón de Plenos principal y ver el Salón Chagall, una zona de recepción decorada por el célebre artista Marc Chagall, cuyos coloridos tapices y mosaicos describen el recorrido histórico del pueblo judío desde los tiempos bíblicos hasta la fundación del moderno Estado de Israel.

ロシア語で「都市の中の要塞」を意味するクレムリンは、建築上の財産と言える施設の広大な集合体です。1150年代から建設が始まり、イヴァン大帝のもとでロシア統合の中心地となった15世紀には、イタリア人建築家たちによって改築がなされました。

素晴らしい教会建築群と並ぶその主要部は、十月革命の後に指導者となったレーニンの執務室となり現在では大統領官邸の機能を果たしています。そこには黄色い壁面で三角形状の新古典主義建築である議会(1787年)や、ニコライ一世の命により完成したロシア・ビザンチン様式による物々しい大クレムリン宮殿(1849年)が存在しています。

まるで国家の歴史をあらわすかのように、ごく最近で言えば2013年にウラジーミル・プーチンによってヘリポートの追加がなされたように、クレムリンは絶え間なく変化を続けているのです。

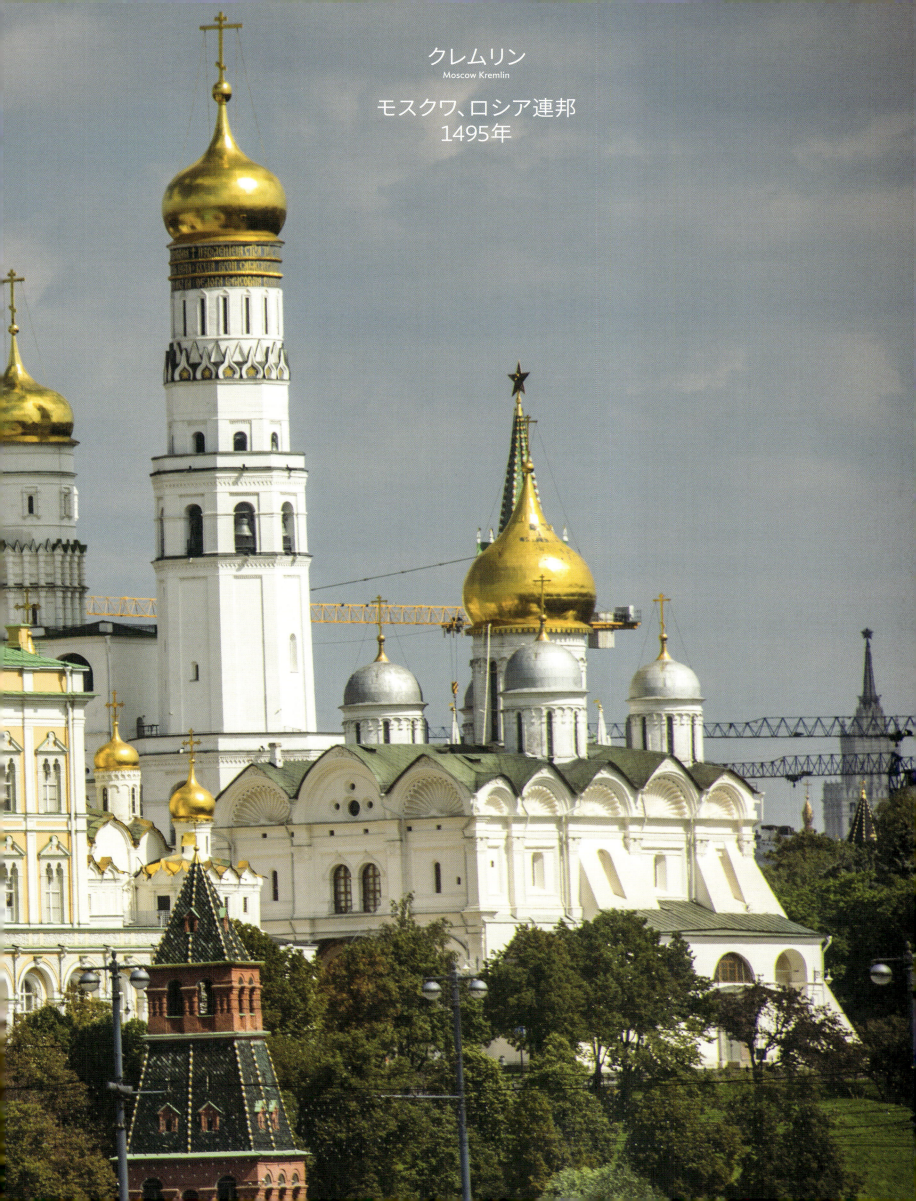

クレムリン
Moscow Kremlin

モスクワ、ロシア連邦
1495年

The Kremlin, meaning 'fortress inside a city', is a sprawling complex of architectural treasures. Originating in the 1150s, it was transformed by Italian architects in the fifteenth century when it became the centre of a unified Russian state under Ivan the Great. Alongside its numerous stunning ecclesiastical structures, highlights include the yellow triangle of the neoclassical senate (1788), which was Lenin's chosen office after the October Revolution and now serves as the president's working residence, and the looming Byzantine-Russian Grand Kremlin Palace (1849), which was commissioned by Nicholas I. Like the country, the Kremlin has gone through continuous changes – most recently in 2013, with Vladimir Putin's addition of a helipad.

クレムリン、モスクワ、ロシア連邦

Le Kremlin, qui signifie en russe
« forteresse urbaine », désigne un vaste
complexe de bijoux architecturaux.
Apparu dans les années 1150,
le Kremlin a été transformé par
des architectes italiens au quinzième
siècle lorsque l'édifice fut proclamé
centre de l'état russe unifié sous
Ivan le Grand. Outre ses nombreux
ouvrages sacrés époustouflants,
le Kremlin se distingue également par
le triangle jaune que forme le Sénat
au style néoclassique (1788), siège du
gouvernement proclamé par Lénine
après la Révolution d'octobre,
qui abrite aujourd'hui la résidence
de travail du Président, ainsi que par
l'imposant Grand Palais du Kremlin
d'influence byzantine et russe (1849),
commandé par Nicolas Ier. À l'instar
du pays, le Kremlin ne cesse de se
transformer, le dernier ajout en date
étant une plate-forme d'atterrissage
pour hélicoptère commandée par
Vladimir Poutine en 2013.

El Kremlin, que significa «fortaleza
dentro de una ciudad», está constituido
por un amplio conjunto de tesoros
arquitectónicos. Construido originalmente en la década de 1150, en el siglo
XV se convirtió, gracias a la colaboración
de arquitectos italianos, en el centro
de un estado ruso unificado durante
el reinado de Iván el Grande. Además
de sus numerosas y sorprendentes
estructuras eclesiásticas, los elementos
más destacados incluyen el triángulo
amarillo del Senado de estilo neoclásico
(1788), que fue la sede de gobierno
elegida por Lenin después de la
Revolución de Octubre y que sirve
ahora como residencia de trabajo del
presidente, y el imponente Palacio del
Gran Kremlin de gusto ruso-bizantino
(1849), realizado por orden de Nicolás I.
Al igual que el país, el Kremlin ha sufrido
numerosos cambios, el más reciente en
2013, con la construcción del helipuerto
de Vladímir Putin.

クネセト、エルサレム、イスラエル国

モロッコを除くアフリカ大陸の全国家が加盟するアフリカ連合は、より強大なアフリカ諸国間の団結の達成、国際的なアフリカの権利の保護、平和・民主主義・人権の促進を始めとした、非常に多くの目的とともに2001年に設立されました。

連合本部のために新築された20階建て、5万2000平方メートルにおよぶ複合施設は、アフリカの未来への支持を示すべく中国政府によって資金援助および建設がなされ、中国人建築家が設計し2012年に落成しました。高さ99.9メートルに至るそのタワーは、アフリカ連合設立へ向けての第一歩となった1999年9月9日のシルト宣言調印を象徴したものであり、また屋外にある黄金の像(ぞう)は、汎アフリカ主義の生みの親でありアフリカ独立の父とも呼ばれるガーナの初代大統領クワメ・エンクルマをたたえたものです。

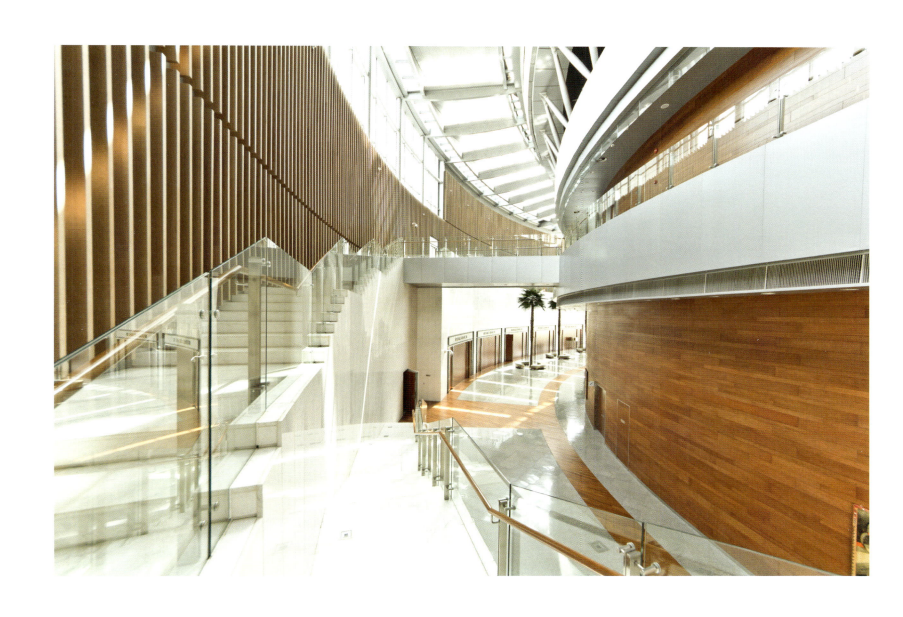

アフリカ連合本部
African Union Conference Center and Office Complex

アディスアベバ、エチオピア連邦民主共和国
設計：レン・リーシー、2011年

The African Union, which includes all states on the continent except Morocco, was established in 2001 with numerous aims, among them to achieve greater solidarity between Africans, to protect African interests internationally, and to promote peace, democracy and human rights. A new twenty-storey, 52,000-square-metre complex for the Union was inaugurated in 2012, having been funded and built by the Chinese government to demonstrate their support for the future of Africa. Its tower measures 99.9 metres, symbolising the signing of the Sirte Declaration on 9 September 1999, the first step towards the foundation of the Union, and outside a golden statue celebrates Kwame Nkrumah, the founding father of Pan-Africanism.

アフリカ連合本部、アディスアベバ、エチオピア連邦民主共和国

L'Union africaine, qui regroupe tous les états du continent à l'exception du Maroc, a été créée en 2001 pour répondre à divers objectifs, comme notamment instaurer une plus grande solidarité entre Africains, protéger les intérêts africains à l'international et promouvoir la paix, la démocratie et les droits de l'homme. L'Union a inauguré en 2012 un nouveau complexe de 20 étages sur 52 000 mètres carrés, financé et construit par le gouvernement chinois désireux d'accompagner l'Afrique dans ses projets d'avenir. Cette tour de 99,9 mètres de haut symbolise la signature de la Déclaration de Syrte le 9 septembre 1999, première étape de la fondation de l'Union. Dehors, une statue en or a été érigée en l'honneur de Kwame Nkrumah, père fondateur du panafricanisme.

La Unión Africana, constituida por todos los estados del continente excepto Marruecos, se fundó en 2001 con numerosos objetivos que cumplir, entre ellos, lograr una mayor solidaridad entre los africanos, proteger los intereses de África a nivel internacional y promover la paz, la democracia y los derechos humanos. En 2012, la Unión inauguró un nuevo complejo de veinte plantas y 52.000 metros cuadrados, financiado y construido por el Gobierno chino, como prueba de su apuesta por el futuro de África. Su torre, con una altura de 99,9 metros, simboliza la firma de la Declaración de Sirte el 9 de septiembre de 1999, el primer paso que se dio para la creación de la Unión. En el exterior, una estatua dorada rinde homenaje a Kwame Nkrumah, el fundador del panafricanismo.

ジョージア国会議事堂
Georgian Parliament Building

クタイシ、ジョージア
設計：川口衞、川口健一、2012年

　1991年にソビエト連邦から独立して以来、ジョージア（旧名グルジア）は共産主義からの脱却と独自の美学を確立するために、多くの苦労を惜しみませんでした。その最初の大きな一歩は国会議事堂をトビリシにあるソ連時代の建物から、第二の都市であるクタイシへと移転することだったのです。

　この新しい建物は以前のものとは全く違い、現代的で無垢な外形や高さ40メートルのガラス製ドームを持つ、開放性と透明性を象徴したものでした。移転に際してはコスト面や首都からの距離、建設地がソ連時代の第二次世界大戦記念碑を爆破して作った場所といった多くの批判と直面しましたが、完成した複合施設は将来に目を向けた行政を反映したものとなっています。

ジョージア国会議事堂、クタイシ、ジョージア

Since it gained independence from the Soviet Union in 1991, Georgia has gone to great lengths to distance itself from communism and establish its own aesthetic. One major step was to relocate the parliament from its Soviet-era building in Tbilisi to the second city of Kutaisi. This new building could not be more different from its predecessor, with its modern, clean lines and its 40-metre-high glass dome, symbolising openness and transparency. The move was met with much criticism – regarding the cost, its distance from the capital, and the decision to build on the site of a Second World War memorial – but the finished complex reflects a government that is looking to the future.

Depuis qu'elle a acquis son indépendance de l'Union soviétique en 1991, la Géorgie n'a eu de cesse que de prendre ses distances avec le communisme et d'établir ses propres règles esthétiques. Une étape décisive de ce processus a été marquée par le déménagement du parlement de son bâtiment de l'ère soviétique à Tbilissi vers la deuxième ville du pays, Koutaïssi. Le nouvel édifice ne pouvait pas être plus différent que son prédécesseur, avec ses lignes modernes et propres et son dôme vitré de 40 mètres de haut, symbolisant l'ouverture et la transparence. Largement critiqué en raison de son coût, de l'éloignement avec la capitale, et de la décision de bâtir sur le site d'un mémorial dédié à la Seconde Guerre mondiale, le complexe aujourd'hui achevé incarne un gouvernement résolument tourné vers l'avenir.

Desde que logró independizarse de la Unión Soviética en 1991, Georgia ha recorrido un largo trecho para distanciarse del comunismo y establecer sus propias reglas estéticas. Un avance importante fue el traslado del parlamento desde un edificio típicamente soviético, en Tbilisi, a la segunda ciudad más grande del país, Kutaisi. Esta nueva construcción no podía ser más distinta de su predecesora, gracias a unas líneas modernas y nítidas, y una cúpula de cristal de 40 metros, símbolo de apertura y transparencia. El traslado se enfrentó a innumerables críticas, debido al coste, la distancia de la capital y la decisión de construir en el emplazamiento de un monumento a la Segunda Guerra Mundial, pero el conjunto acabado representa un gobierno que dirige su mirada hacia el futuro.

アゼルバイジャン共和国政府庁舎
Government House of Baku

バクー、アゼルバイジャン共和国
設計：レフ・ルードネフ&V・O・ムンツ、1952年

アゼルバイジャンはヨーロッパとアジアの間の天然資源に富むエリアという、うらやむべき場所に位置しています。それゆえに何世紀にもわたりギリシャやローマ、モンゴル、そしてロシアといった様々な帝国から侵略を受けて戦ってきたのです。ロシアの支配下にあった 1934 年に（当時は「バクーのソビエト宮殿」と呼ばれていた）政府庁舎として建設計画が発表されました。

実際の建設は 2 年後に開始され、1952 年まで続きました。その壮大なスターリン様式の大建築は 5500 人を収容できるように設計されており、また国内でも屈指の人気を誇る観光名所となっています。アゼルバイジャンが独立を獲得した1991年からは、多数の政府省庁がこの建物内に入居しています。

Azerbaijan lies in an enviable position between Europe and Asia, in an area rich with natural resources. Thus, for centuries, empires have fought for its occupation, including the Greeks, the Romans, the Mongols, and the Russians. It was under Russian control, in 1934, that plans to build Government House (then 'Baku Soviet Palace') were announced. Construction began two years later, and lasted until 1952. This colossal Stalinist edifice was designed to accommodate 5,500 people and it is the most popular tourist attraction in the country. Since 1991, when Azerbaijan gained independence, it has housed numerous state ministries.

Entre Europe et Asie, l'Azerbaïdjan jouit d'une position privilégiée dans une région riche en ressources naturelles. Ainsi, pendant des siècles, de nombreux empires, parmi lesquels les Grecs, les Romains, les Mongols et les Russes, se sont battus pour en obtenir le contrôle. Le projet de construire le Parlement (appelé alors « Palais soviétique de Bakou ») fut annoncé en 1934, sous l'occupation russe. Les travaux débutèrent deux ans plus tard pour finalement s'achever en 1952. Cet imposant édifice stalinien fut dessiné pour accueillir 5 500 personnes. C'est aujourd'hui l'attraction touristique la plus visitée du pays. Depuis 1991, année de l'indépendance du pays, le bâtiment a hébergé de nombreux ministres d'état.

アゼルバイジャン共和国政府庁舎、バクー、アゼルバイジャン共和国

Azerbaiyán ocupa una posición envidiable entre Europa y Asia, en una zona con numerosos recursos naturales. Durante siglos, diversos imperios lucharon por su ocupación, incluidos los griegos, romanos, mogoles y rusos. En 1934, bajo el control ruso, se anunció el plan para la construcción de la sede del gobierno (en aquella época era conocido como «Palacio Soviético de Bakú»). La construcción, que comenzó dos años después, duró hasta 1952. Este colosal edificio estalinista, diseñado para acoger a 5.500 personas, constituye la atracción turística más popular del país. Desde 1991, año de la independencia de Azerbaiyán, ha sido la sede de numerosos ministerios estatales.

1991年、カザフスタンはソビエト連邦の体制崩壊によって独立を宣言した最後の共和国となり、その3年後に首都をアルマトイからアスタナの計画都市へ移転することを正式に発表しました。これにより広く普及していたソビエトのロシア様式を、伝統的なカザフ文様を組み込んだ現代的建築物によって置き換える機会を得たのです。

移転は1998年に実行され、4つのブロックから構成される国会議事堂は、ナザルバエフ大統領のビジョンが最も純粋に表現されたものです。すでに白・青・金色に光り輝くのが見て取れる、新しい官庁街の核となる建築物は、2030年に完成予定となっています。

In 1991, Kazakhstan became the last Soviet Republic to declare independence. Three years later it was confirmed that the capital would be changed from Almaty to the planned city of Astana, providing the opportunity to supplant the prevalent Soviet architecture with modern structures that incorporated traditional Kazakh motifs. This move was carried out in 1998, and the parliament building, comprised of four blocks, is a quintessential representation of President Nazarbayev's vision. It is the core building in the new government district, already a sparkling development of white, blue and gold, which is due for completion in 2030.

マジリス議事堂
Mazhilis Parliament Building

アスタナ、カザフスタン共和国
設計：アフセル・グループ、2004年

En 1991, le Kazakhstan devient la dernière république soviétique à déclarer son indépendance. Trois ans plus tard, la décision d'établir la capitale jusqu'alors située à Almaty dans la nouvelle ville planifiée d'Astana est confirmée, offrant ainsi l'opportunité de remplacer l'architecture soviétique dominante par des structures modernes qui intègrent les motifs traditionnels kazakhs. Les travaux débutèrent en 1998, et le bâtiment du Parlement, composé de quatre immeubles, incarne à lui tout seul la vision du président Nazarbaïev. Il s'inscrit au cœur du nouveau complexe gouvernemental, qui offre déjà un tableau chatoyant de blanc, de bleu et d'or, et devrait être achevé en 2030.

En 1991, Kazajistán se convirtió en la última república soviética en proclamar su independencia. Tres años después se confirmó que la capital se trasladaría de Almaty a la ciudad planificada de Astaná, lo que proporcionó la oportunidad de sustituir la arquitectura soviética predominante por modernas arquitecturas con motivos kazajos tradicionales. El traslado se llevó a cabo en 1998. El edificio del Parlamento, con sus cuatro bloques, constituye la máxima representación de la visión del presidente Nazarbayev. Elemento principal del nuevo barrio del gobierno, y con una finalización prevista para el año 2030, exhibe una brillante variación de blancos, azules y dorados.

マジリス議事堂、アスタナ、カザフスタン共和国

赤い砂岩の壁に囲まれたインドの国会議事堂の建物群は、ニューデリーの植民地首都のための計画責任者となった設計者ラッチェンスとベイカーの指揮により、6年以上をかけ建設されました。議事堂はインド建築の伝統に敬意を表したものであり、その円形の中央ホールのデザインはインドの国旗にも表された法輪(ほうりん)であり、アショーカ王のチャクラと呼ばれる軍のシンボルでもあります。

　わずかに直径30メートル程ですが印象的な円天井(まるてんじょう)を持つ中央ホールは、1947年8月にインド独立法によって国家の主権がイギリスから移譲された場所であることから格別の歴史的意義を持つ場所です。

サンサッド・バワン
Sansad Bhavan

ニューデリー、インド
設計：エドウィン・ラッチェンス＆ハーバード・ベイカー、1927年

The complex of the Indian Parliament, enclosed by a red sandstone wall, was constructed over six years under the direction of Lutyens and Baker, who were responsible for the planning of the colonial capital city of New Delhi. The parliament buildings pay respect to Indian architectural traditions, and the plan of the circular Central Hall is based on the Ashoka Chakra, the depiction of dharmachakra also represented on the national flag. The Central Hall, with its impressive dome just shy of 30 metres in diameter, is a place of exceptional historical significance; it was here, in August 1947, that power was transferred from Britain with the Indian Independence Act.

サンサッド・バワン、ニューデリー、インド

Le complexe où siège le Parlement indien, encerclé par un mur de grès rouge, a été construit en six ans sous la direction de Lutyens et Baker, alors chargés de concevoir l'aménagement de la capitale coloniale basée à New Delhi. Les bâtiments du parlement rendent hommage aux traditions architecturales de l'Inde, et le plan circulaire de la Salle centrale (Central Hall) s'inspire du chakra d'Ashoka, représentation de la roue de Dharma qui figure également sur le drapeau national. La Salle centrale, avec son impressionnante coupole de presque trente mètres de diamètre, est un lieu exceptionnel pour l'histoire d'Inde, puisque c'est entre ses murs, en août 1947, que les Britanniques cédèrent le pouvoir au peuple indien avec la promulgation de la loi proclamant l'indépendance de l'Inde.

El conjunto del Parlamento indio, rodeado por un muro de arenisca rojo, se construyó a lo largo de seis años bajo la dirección de Lutyens y Baker, los responsables de la planificación de la capital colonial de Nueva Delhi. Los edificios del parlamento remiten a las tradiciones arquitectónicas indias: el plano de la Sala Central circular está basado en el chakra de Ashoka, la caracterización de la rueda del dharma que aparece igualmente en la bandera nacional. La Sala Central, con su impresionante cúpula de casi treinta metros de diámetro, reviste un significado histórico excepcional: fue aquí donde, en agosto de 1947, se transfirió el poder de Gran Bretaña a la India gracias al Acta de Independencia de la India.

国会議事堂(ジャテオ・ションショド・ボボン)
Jatiyo Sangshad Bhaban

ダッカ、バングラデシュ人民共和国
設計：ルイス・カーン、1982年

　バングラデシュの議会は敷地にして200エーカー（約80万平方メートル）を覆いつくす、世界で最も大きな政府施設の1つです。建設は1961年に始まりましたが、主にバングラデシュ独立戦争とその余波が原因となり、完成には1982年までの時間を要しました。建築家は現地の美的価値や、とりわけガンジス・デルタの景観との密接な関係にインスピレーションを受けました。

　施設の中心をなすのは、三方を人工池で囲まれた、高さ30メートルの本会議場です。打ちっ放しのままのコンクリートの壁や、幾何学模様の開口部と埋め込み式の窓が一体となることで、この議事堂は威厳を示すと同時に、建っている周囲の土地とも結びつき景観をなじませているのです。

The Parliament of Bangladesh inhabits one of the world's largest government compounds, covering over 810,000 square metres. Construction began in 1961, but was not completed until 1982, due in great part to the Liberation War and its aftermath. The architect was inspired by the area's aesthetic values and close connection with the landscape, particularly the Ganges Delta. The focal point of the complex is the 30-metre-high assembly chamber, which is surrounded on three sides by an artificial lake. With its exposed concrete walls, geometric apertures and recessed windows, it is at once commanding and connected to the earth on which it stands.

Érigé sur plus de 809 400 mètres carrés, le Parlement du Bangladesh figure parmi les bâtiments publics les plus grands du monde. Débutés en 1961, les travaux de construction n'ont été achevés qu'en 1982, principalement en raison de la Guerre de libération et de ses conséquences. L'architecte s'est inspiré des aspects esthétiques du site et de son étroite intégration dans le paysage, notamment le delta du Gange. Point culminant du complexe, l'Assemblée nationale de 30 mètres de haut est bordée sur trois côtés par un lac artificiel. Avec ses murs en béton apparents, ses ouvertures géométriques et ses fenêtres encastrées, le parlement s'impose d'emblée au regard, solidement ancré dans la terre qui l'a vu naître.

国会議事堂(ジャテオ・ションショド・ボボン)、ダッカ、バングラデシュ人民共和国

El Parlamento de Bangladesh reside en uno de los mayores recintos gubernamentales del mundo, con una extensión que abarca más de 81 hectáreas. Su construcción comenzó en 1961 pero no finalizó hasta 1982, debido en gran medida a la Guerra de Liberación y sus consecuencias. El arquitecto se inspiró en los valores estéticos de la zona y en su estrecha relación con el paisaje, en particular, el delta del Ganges. El eje central del conjunto lo constituye la Asamblea Nacional, con una altura de 30 metros y rodeada en tres de sus lados por un lago artificial. Gracias a sus paredes de hormigón visto, aperturas geométricas y ventanas empotradas, es a la vez imponente y cercano a la tierra en la que se yergue.

かつてはサイゴンとして知られていたホーチミン市は、ベトナム最大の都市にして国家経済の中心地です。その人民委員会庁舎は、かつてフランスの植民地であったことを示すフレンチ・コロニアル様式で建築された旧政府の市庁舎におかれています。

ベトナムは1945年に独立を果たし、その後の南北分断の悲劇と闘争、そして勝利に尽力したホー・チ・ミンは、建物の正面にある彫像となって人々から称えられているのです。人民委員会は精力的に庁舎内で活動をしており、市民は外観の眺め、とりわけビルが照らされた夜の美しさを堪能していることでしょう。

Hô-Chi-Minh-Ville, ancienne Saïgon, est la plus grande ville du Vietnam, ainsi que le centre administratif du pays. Les bureaux du Comité populaire se situent dans l'ancien Hôtel de Ville, dont le style colonial français témoigne de l'ancienne occupation du pays. Le Vietnam a accédé à l'indépendance en 1945. Hô Chi Minh, qui a joué un rôle déterminant dans ce combat, y est célébré par une statue à son effigie érigée en face de l'édifice. Le Comité populaire est toujours actif au sein de l'Hôtel de ville, pour le plus grand plaisir du public qui peut profiter de la vue extérieure, particulièrement mise en valeur la nuit une fois illuminée.

Ho Chi Minh City, formerly Saigon, is the largest city in Vietnam and the country's administrative hub. The offices of the People's Committee are situated in the former Hôtel de Ville, the French colonial style of which reflects the country's former occupation. Vietnam secured independence in 1945, and Ho Chi Minh, who was instrumental in this fight, is commemorated with a statue in front of the building. The People's Committee is still active within the City Hall, so the public must be satisfied with an external view, which is particularly rewarding at night when illuminated.

La Ciudad de Ho Chi Minh, anteriormente conocida como Saigón, es la mayor ciudad de Vietnam y el centro administrativo del país. Las oficinas del Comité Popular se encuentran en el antiguo Hôtel de Ville, construido en estilo colonial francés, reflejo de la anterior ocupación del país. Vietnam logró la independencia en 1945, lucha en la que Ho Chi Minh desempeñó un papel decisivo, por lo que se le rinde homenaje con una estatua situada frente al edificio. El Comité Popular prosigue sus actividades dentro del ayuntamiento; el público debe conformarse, por lo tanto, con una vista del exterior, especialmente hermosa de noche cuando el edificio está iluminado.

ホーチミン人民委員会庁舎
Ho Chi Minh City Hall

ホーチミン、ベトナム社会主義共和国
1908年

新サラワク州議会議事堂（DUN）
New Sarawak State Legislative Assembly (DUN) Building

クチン、マレーシア
2009年

　サラワク州は、ボルネオ島に2つあるマレーシアの行政区画のうちの1つです。四世紀にもおよぶ他国からの占領・侵攻の歴史を経て、1963年にサラワクは独立を成し遂げ、マラヤ連邦、北ボルネオ、シンガポールとともにマレーシア連邦を形成しました。

　その結果、サラワク川にそってアスタナ宮殿とマルガリータ砦の間に置かれた州議会は、国民主権の象徴にして、州の多民族から構成される住民や独立以来の彼らの業績に対する敬意の印となりました。壮大な9本の柱により支えられた黄金の屋根を持つ9階建ての議事堂は、すぐにサラワクのランドマークとしての象徴的な立場を確立しました。

Le Sarawak est l'un des deux états malaysiens situés sur l'île de Bornéo. Après quatre siècles d'occupation, l'état s'est vu accorder l'indépendance en 1963, et forma la fédération de Malaisie avec Malaya, le territoire du Bornéo du Nord et Singapour. Le DUN, alors situé sur la rivière Sarawak, entre l'Astana et Fort Margherita, symbolise la souveraineté du peuple et représente une marque de respect pour la population multiethnique de l'état et pour ses réalisations pendant les années qui suivirent l'indépendance. L'édifice de neuf étages, avec son incroyable toiture dorée posée sur neufs piliers colossaux, s'est rapidement imposé comme un symbole distinctif du Sarawak.

Sarawak is one of two Malaysian states on the island of Borneo. After four centuries of occupation, it was granted independence in 1963, and formed the federation of Malaysia with Malaya, North Borneo and Singapore. The DUN, therefore, situated on the Sarawak River, between the Astana and Fort Margherita, is a symbol of the people's sovereignty and a mark of respect for the state's multi-ethnic population and its achievements in the years since independence. The nine-storey building, with its striking golden roof supported by nine colossal pillars, has quickly been established as an iconic Sarawak landmark.

Sarawak constituye uno de los dos estados de Malasia de la isla de Borneo. Después de cuatro siglos de ocupación y tras alcanzar la independencia en 1963, formó la federación de Malasia con Malaya, Borneo Septentrional y Singapur. El DUN, que se encuentra junto al río Sarawak, entre el palacio de Astana y el fuerte Margherita, representa un símbolo de la soberanía popular y un tributo a la población multiétnica del estado y sus logros en los años transcurridos desde la independencia. El edificio de nueve plantas, con su llamativo tejado dorado que se apoya en nueve inmensos pilares, se ha convertido rápidamente en un punto de referencia emblemático de Sarawak.

中華人民共和国の建国十周年を記念して「北京十大建築」の1つとして造られたこの壮大な建築物は、共産主義者のボランティアたちによってわずか十ヶ月で建設されました。全国人民代表大会の例年の開催地であり中華人民共和国の発祥の地として象徴的な天安門広場の西側に位置しています。

ソビエト様式に触発されひときわ目立った施設は驚くことに17万1800平方メートルにわたり広がっており、またその中心となる巨大な万人大会堂では1万人の役人が着席可能となっています。さらに何百もの電飾に囲まれた赤い星で特徴づけられた見事な天井がその頭上に広がっており、これは中国という国家の立ち位置がしっかりと共産主義の中心にあることを表現しています。

人民大会堂
Great Hall of the People

北京、中華人民共和国
設計：チャン・ボー 1959年

Created as part of the 'Ten Great Constructions' to commemorate the tenth anniversary of the People's Republic of China, this gargantuan edifice was built in just ten months by communist volunteers. The home of the National People's Congress, it is located on the western side of Tiananmen Square, the symbolic birthplace of the PRC. This imposing, Soviet-inspired complex covers a staggering 171,800 square metres, and at its core is the vast Great Auditorium, which can seat 10,000 officials and is topped with a stunning ceiling featuring a red star surrounded by hundreds of lights – representing China's place at the centre of Communism.

人民大会堂、北京、中華人民共和国

人民大会堂、北京、中華人民共和国

Construit dans le cadre des « Dix grands édifices » commandés pour commémorer le dixième anniversaire de la République populaire de Chine, cet ouvrage gigantesque a été achevé en seulement dix mois par des bénévoles communistes. Siège du Congrès national du Peuple, ce bâtiment se situe sur l'aile occidentale de la place Tian'anmen, lieu de naissance mythique de la RPD. Ce complexe imposant, inspiré de l'ère soviétique, s'étend sur une surface stupéfiante de 171 800 mètres carrés. En son centre se dresse l'incroyable Grand auditorium, où peuvent siéger 10 000 représentants, surmonté d'un remarquable plafond orné d'une étoile rouge illuminée par des centaines de lumières, incarnation de la place centrale qu'occupe la Chine dans le communisme.

Creado como parte de las «Diez grandes construcciones» para conmemorar el décimo aniversario de la República Popular de China, este edificio descomunal se levantó en solo diez meses gracias a la labor de voluntarios comunistas. Sede de la Asamblea Popular Nacional, se encuentra situado al oeste de la plaza de Tiananmén, cuna simbólica de la RPC. Esta imponente estructura, de inspiración soviética, ocupa una superficie asombrosa de 171.800 metros cuadrados. En el centro se encuentra el Gran Auditorio, con cabida para más de 10.000 personas. Su techo impresionante muestra una estrella roja rodeada por centenares de luces: representa el lugar de China en el centro del comunismo.

北朝鮮はその多くが秘密に包まれている一方で、諸外国に対して近代的で力強いイメージを与えるために立派な建築の偉容を演出する宣伝手法にかねてから定評があります。最高人民会議の本部がある万寿台（マンスデ）議事堂も例外ではありません。5万平方メートルに及ぶ敷地に花崗岩（かこうがん）と大理石による外観を誇り、2000人を収容できるメインホールは、確かにその威信を表現しています。

　687名の代議員が議会に参加するために年に1〜2回集まりますが、これは単なる形式的なものであり、金正恩が導く国の行政権と朝鮮労働党により決議は、すでにそれ以前になされていると言われています。

While North Korea is shrouded in secrecy, its use of architecture to project an image of modernity and strength to the rest of the world is well documented. Mansudae Assembly Hall, the home of the Supreme People's Assembly, is no exception. With 50,000 square metres of faced granite and marble, and a main hall with a capacity of 2,000, it certainly makes a statement. The 687 deputies of the Assembly meet here once or twice a year to discuss legislature, although it has been suggested that this is a mere formality – that decisions may have already been made by the nation's executive powers and the Workers' Party, led by Kim Jong-un.

Si la Corée du Nord se drape du plus grand secret, on trouve paradoxalement de nombreux documents sur son utilisation de l'architecture pour projeter l'image d'une nation moderne et forte au reste du monde. La salle de l'Assemblée Mansudae, siège de l'Assemblée suprême du peuple, ne fait pas exception à la règle. Avec sa façade en granit et en marbre de 50 000 mètres carrés et une salle principale d'une capacité de 2 000 sièges, l'édifice en impose clairement. Les 687 députés de l'Assemblée se réunissent ici une fois voire deux fois par an pour y débattre de la législature, même si, selon certains, il s'agirait en réalité d'une simple formalité, les décisions ayant déjà été prises par le pouvoir exécutif de la nation et par le Parti du travail dirigé par Kim Jong-un.

Aunque Corea del Norte está envuelta en un manto de secretismo, el uso que hace de la arquitectura para proyectar una imagen de modernidad y fuerza al resto el mundo está más que demostrado. El Palacio de Congresos de Mansudae, la sede de la Asamblea Suprema del Pueblo, no constituye ninguna excepción a esto. Con una fachada de 50.000 metros cuadrados de granito y mármol y un salón de actos principal capaz de acoger a 2.000 personas, no cabe duda de que es toda una declaración de intenciones. Los 687 diputados de la asamblea se reúnen aquí una o dos veces al año para debatir sobre leyes, aunque se comenta que se trata de una pura formalidad: el poder ejecutivo de la nación y el Partido de los Trabajadores, dirigidos por Kim Jong-un, se han encargado ya de tomar las decisiones.

万寿台議事堂
Mansudae Assembly Hall

平壌、朝鮮民主主義人民共和国（北朝鮮）
1984年

国会議事堂
National Assembly Building

ソウル、大韓民国
1975年

ソウル中心の汝矣島（ヨイド）に位置する韓国の国会議事堂は風格がありますが、さらに多少の防衛的拠点の面を持つ建築物でもあります。外周は韓国の暦にある二十四節気を象徴する24本の落ち着いた花崗岩の柱に囲まれており、特徴的な緑のドーム屋根が地上6階、地下2階からなる8階層の頂に載っています。

議会では現在300名の議員を有する一方で、本会議場は朝鮮統一の実現時にはさらに400名までの議員対応できるように作られていますが、両国間の油断のできない状況は広がり続けています。

議事堂は常に厳重に警備され、この荘厳な建物だけでなく、韓国国民が献身的な努力によって苦難の末に勝ち取った民主主義をも守っているのです。

Located on Yeouido Island, the National Assembly Building of South Korea is a stately but somewhat defensive structure. It is surrounded by twenty-four unembellished granite pillars, symbolising the twenty-four solar terms of the Korean calendar, and a striking green dome crowns eight storeys – six above ground, two below. While the Assembly has 300 members at present, the main chamber has been built to accommodate 400, should Korean reunification be realised, but there remains a pervading sense of watchfulness; the complex is heavily guarded, protecting not only this grand building, but the hard-fought democracy to which South Koreans are so committed.

Situé sur l'île de Yeouido, le bâtiment où siège l'Assemblée nationale de Corée du Sud arbore une structure certes gouvernementale mais aux allures défensives. L'édifice est entouré de vingt-quatre piliers de granit sobres, symbolisant les vingt-quatre tournants solaires du calendrier coréen, et un surprenant dôme vert vient surmonter huit étages, dont six s'élèvent au-dessus du sol, et deux sous terre. Si l'assemblée compte 300 membres à l'heure actuelle, la salle principale a été construite pour accueillir 400 personnes, dans l'hypothèse où la réunification de la Corée aurait lieu. L'édifice est cependant empreint d'un sentiment diffus de vigilance ; le complexe fait en effet l'objet d'une étroite surveillance. Cette protection vise bien sûr l'immense bâtiment mais aussi la démocratie acquise de haute lutte à laquelle les Sud-coréens sont si attachés.

Situado en la isla de Yeouido, el edificio de la Asamblea Nacional de Corea del Sur muestra una estructura majestuosa pero con un carácter un tanto defensivo. Está rodeado por veinticuatro columnas de granito, sin adornos, que simbolizan los veinticuatro períodos solares del calendario coreano. Una llamativa cúpula verde corona las ocho plantas: seis en la superficie y dos bajo tierra. Aunque la asamblea está formada actualmente por 300 miembros, la cámara principal se construyó para acoger a 400, en previsión de la reunificación de Corea. Permanece, no obstante, cierta idea dominante de cautela: el conjunto está fuertemente vigilado para proteger no solo el edificio sino la democracia ganada a pulso, a la que tan entregados están los surcoreanos.

国会議事堂、ソウル、大韓民国

トーキョー・シティ・ホールとしても知られるこの威圧的な建築物は、東京都政の本拠地です。新宿に所在し、各々が都市の一画を占める3つの建物から成り立っています。その中で最も高いビルは48階までそびえ立つもので、また33階からはふたつに分かれており、ゴシック様式の大聖堂を模した中に革新性をもたらしているのです。

建築家丹下健三の構想はコンピューターのチップから触発されたもので、外観の仕上げは伝統的な日本建築から発想を得ているにもかかわらず、全体のデザインは1980年代の建築様式であるポストモダンの性質が反映され明らかにヨーロッパ調のものとなっています。

東京都本庁舎
Tokyo Metropolitan Government Building

東京、日本
設計：丹下健三、1990年

Également appelée Hôtel de ville de Tokyo, cette structure colossale accueille le Gouvernement métropolitain de Tokyo. Situé dans le quartier de Shinjuku, le complexe se compose de trois bâtiments qui occupent chacun un bloc entier de la ville ; le plus haut d'entre eux domine le paysage du haut de ses quarante-huit étages, puis se divise en deux au niveau du trente-troisième étage pour recréer la forme futuriste d'une cathédrale gothique. L'architecte dit s'être inspiré d'une puce électronique. Bien que la finition extérieure rappelle par sa texture l'architecture japonaise traditionnelle, le style général de la structure est résolument européen, à l'image du courant architectural post-moderne des années 80.

Also known as Tokyo City Hall, this domineering structure is home to the Tokyo Metropolitan Government. Located in Shinjuku, it comprises three buildings, each occupying a city block; the tallest of these stands at a towering forty-eight storeys, and splits in two on the thirty-third floor, which offers a futuristic take on the Gothic cathedral. The architect's concept was inspired by a computer chip, and although the external textured finish is inspired by traditional Japanese architecture, the overall design is decidedly European, reflecting the post-modern propensities of 1980s architecture.

Esta estructura dominante, conocida también como el Ayuntamiento de Tokio, es la sede del Gobierno Metropolitano de Tokio. Situada en Shinjuku, consta de tres edificios, cada uno de los cuales ocupa una manzana. El más alto de ellos, una torre de cuarenta y ocho plantas que se divide en dos en el piso treinta y tres, recrea la apariencia futurista de una catedral gótica. El arquitecto se inspiró, para su concepto, en un chip de ordenador y, aunque el acabado con relieve exterior está basado en la arquitectura japonesa tradicional, en líneas generales, el diseño es indudablemente europeo. Refleja las exuberancias posmodernas de la arquitectura de la década de 1980.

明治天皇が発した勅諭により、1881年、日本における国会議事堂の建設計画は立ち上がることとなりました。1886年にはドイツから建築家が招聘され、日本人技師との共同設計による仮議事堂が一時は建設されますが、その後2度の焼失を経て、1936年にようやく現在の建物は完成したのです。

　美しい乳白色をした花崗岩貼りの外壁を始めとして、この建物は可能な限り国産の材料を用いて造られており、当時の建築技術や工芸の粋が凝らされたものとなっています。その印象的なたたずまいから、議事堂は日本のシンボルと言える建物の一つとなっており、テレビ、映画など映像の世界で数多く使用されています。

国会議事堂
National Diet Building

日本、東京
渡邊福三、1936年

In 1881, by edict of Emperor Meiji, a project was launched to construct a National Diet Building in Japan. German architects were invited to participate in 1886, and a temporary Diet building was constructed based on a design created in collaboration with Japanese architects. However, after being destroyed twice by fire, the current building was eventually completed in 1936. The building was constructed out of Japanese materials, wherever possible, including the beautiful white granite covering the exterior walls, and it showcases the fine craftsmanship and building technology of that time period. With its imposing presence, the Diet Building has become one of the buildings that symbolises Japan. Its image is frequently used around the world in the media, including television and movies.

Le projet de construire un bâtiment pour abriter la Diète japonaise a été lancé en 1881, sur décret de l'Empereur Meiji. Des architectes allemands furent invités à prendre part au projet en 1886, et une Diète provisoire fut bâtie d'après les plans élaborés en collaboration avec des architectes japonais. Cependant, après avoir été deux fois incendié, le bâtiment sous sa forme présente ne fut achevé qu'en 1936. Le bâtiment a été construit, lorsque les circonstances le permettaient, en matériaux d'origine japonaise, y compris le sublime revêtement extérieur en granit blanc. La Diète japonaise met à l'honneur le travail artisanal et les techniques de génie civil de l'époque. Avec son imposante présence, la Diète est devenue un édifice emblématique du Japon. Elle est fréquemment représentée dans les médias du monde entier, à la télévision comme dans les films.

En 1881, por edicto del emperador Meiji, se inició un proyecto para la construcción del Edificio de la Dieta Nacional de Japón. En 1886, tras invitar a unos arquitectos alemanes a que participaran en el proyecto, se construyó un edificio de la Dieta temporal basándose en un diseño creado en colaboración con arquitectos japoneses. No obstante, después de haber sufrido dos incendios, el edificio actual se terminó finalmente en 1936. El edificio se construyó con materiales japoneses, cuando fue posible, incluido el espléndido recubrimiento de granito blanco de las paredes exteriores, y pone de manifiesto la refinada habilidad y la tecnología de la construcción de la época. Con su imponente presencia, el Edificio de la Dieta se ha convertido en uno de los edificios que mejor simbolizan Japón. Su imagen aparece a menudo en los medios de comunicación de todo el mundo, incluidos la televisión y el cine.

オーストラリア連邦議会議事堂
Parliament House

キャンベラ、オーストラリア連邦
設計：ミッチェル / ジョゴラ・アーキテクツ、1988年

　1901年に豪州大陸の植民地は連合となってオーストラリア連邦を形成し、1909年にはキャンベラを新たな首都として選定しました。1927年には仮設の議事堂が建てられ、やがて1978年に恒久的な議事堂を建設する計画が発表され、1988年に完成しました。

　オーストラリア国内で調達した材料から全体を作り上げたこの新たな建物群は、南半球において最大級の巨大建築物の1つであり、年間で約100万人の観光客を呼び込んでいます。

　建築は当時流行していたポストモダン様式。見掛けによらずシンプルな議事堂はしかし、巧みに整えられた造園、国の歴史、芸術や文化、そしてもちろんキャンベラの街のランドマークでもある高さ81メートルのフラッグポールによってその存在感が際立たされています。

In 1901, the Australian colonies united to form the Commonwealth of Australia, and in 1909 Canberra was chosen as the site for the new capital. A temporary building was erected in 1927, and in 1978 plans were announced to construct a permanent parliament. This new complex, built entirely from materials sourced in Australia, is one of the largest buildings in the southern hemisphere and attracts approximately 1 million visitors per year. Postmodern in style, the deceptively simple structure is enhanced by clever landscaping, nods to national history, art and culture, and of course the iconic steel flagpole, which towers at 81 metres tall, a landmark for the city of Canberra.

En 1901, les colonies australiennes se sont réunies pour former le Commonwealth d'Australie. En 1909, Canberra fut choisie comme nouvelle capitale. Un bâtiment provisoire fut érigé en 1927, et le projet de construction d'un parlement permanent fut annoncé en 1978. Ce nouveau complexe, entièrement construit avec des matériaux d'origine australienne, est l'un des bâtiments les plus vastes de l'hémisphère Sud et accueille près d'un million de visiteurs par an. De style post-moderne, la structure à l'allure faussement sobre est mise en valeur par de judicieux aménagements paysagers, par d'habiles références à l'histoire nationale, à l'art et à la culture, et bien sûr par le mât en acier emblématique qui culmine à 81 mètres de haut, véritable jalon pour la ville de Canberra.

En 1901, las colonias de Australia se unieron para formar la Commonwealth de Australia y, en 1909, se eligió Canberra como sede de la nueva capital. Tras la construcción en 1927 de un edificio provisional, no fue hasta 1978 cuando se anunció un plan para construir un parlamento permanente. Este nuevo complejo, creado en su totalidad a partir de materiales originarios de Australia, es uno de los edificios más grandes del hemisferio sur y atrae aproximadamente a un millón de visitantes al año. De estilo posmoderno, la estructura aparentemente sencilla destaca gracias a un inteligente paisajismo, a las alusiones a la historia, el arte y la cultura nacionales y, por supuesto, al emblemático mástil de acero que alcanza los 81 metros de altura, un punto de referencia para la ciudad de Canberra.

オーストラリア連邦議会議事堂、キャンベラ、オーストラリア連邦

国会議事堂
Parliament Buildings

ウェリントン、ニュージーランド
設計：ジョン・キャンベル、1922年
バジル・スペンス、1977年

1907年の火災で旧施設が使用不可となったため、ニュージーランドの国会議事堂のための新しい建築物設計を目的としたコンペティションが開催されました。ジョン・キャンベルによる2つの設計案が1位および4位を獲得し、それらを組み合わせて1914年に第1段階の建設が開始されたのです。

しかし同年に始まった第一次世界大戦の影響もあって進展は遅く、1922年に完成したものの当初のプランにあった第2段階は中止となってしまいました。執務棟である「ビーハイブ」は後にバジル・スペンスによって考案され、1977年に開館したものです。高さ72メートル、特徴的な銅製の屋根で飾られたその建物は、タカカ産大理石の円柱を持つ新古典主義建築の旧議事堂とは、際立って対照的となっています。

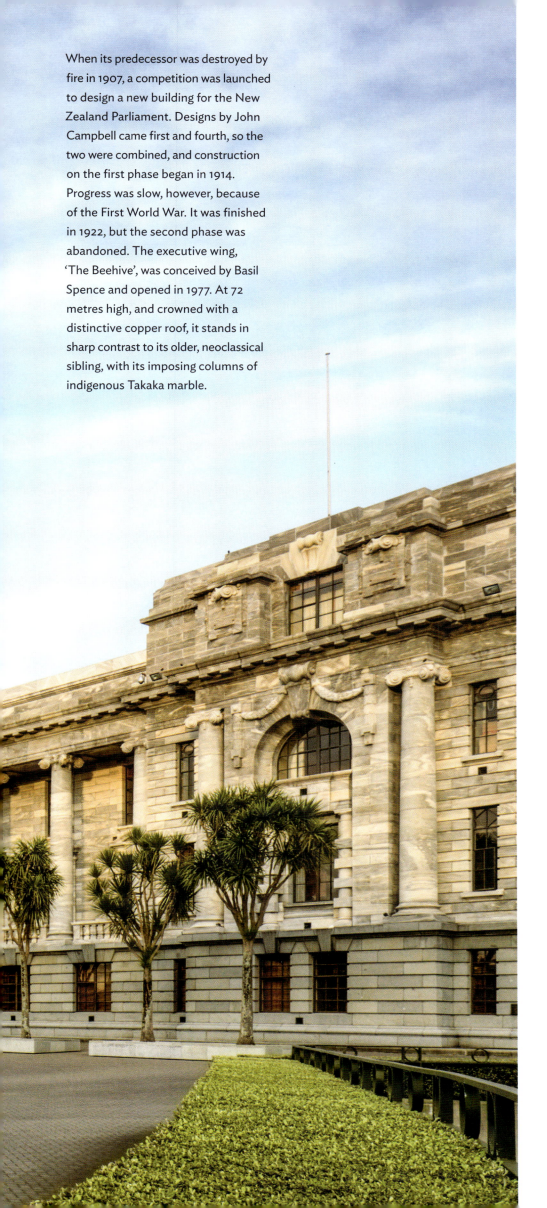

When its predecessor was destroyed by fire in 1907, a competition was launched to design a new building for the New Zealand Parliament. Designs by John Campbell came first and fourth, so the two were combined, and construction on the first phase began in 1914. Progress was slow, however, because of the First World War. It was finished in 1922, but the second phase was abandoned. The executive wing, 'The Beehive', was conceived by Basil Spence and opened in 1977. At 72 metres high, and crowned with a distinctive copper roof, it stands in sharp contrast to its older, neoclassical sibling, with its imposing columns of indigenous Takaka marble.

Après un incendie destructeur en 1907, un concours fut lancé pour construire le nouveau Parlement néozélandais. Les maquettes de John Campbell arrivèrent première et quatrième du concours. Elles furent donc fusionnées, et la première phase des travaux de construction débuta en 1914. Ralentie par la Première Guerre mondiale, cette première phase ne fut toutefois achevée qu'en 1922, alors que la seconde phase fut abandonnée. L'aile administrative baptisée « The Beehive » (la Ruche) a été édifiée par Basil Spence et ouverte en 1977. Du haut de ses 72 mètres, surmontée d'un toit en cuivre, la Ruche contraste avec son ancien prédécesseur de style néoclassique, et ses deux colonnes imposantes en marbre local de Takaka.

Cuando en 1907 un incendio destruyó el edificio anterior, se organizó un concurso con el fin de diseñar una nueva estructura para el Parlamento neozelandés. Los diseños de John Campbell quedaron en primer y en cuarto lugar, por lo que tras combinarlos, en 1914, comenzó la construcción de la primera fase. A pesar del lento avance, debido a la Primera Guerra Mundial, el edificio se terminó en 1922, aunque se abandonó la idea de una segunda fase. El ala administrativa «La Colmena», obra de Basil Spence, se inauguró en 1977. Con 72 metros de altura y rematado por su característico tejado cobrizo, contrasta marcadamente con su antecesor neoclásico, gracias a sus imponentes columnas de mármol de Takaka autóctono.

ロサンゼルス市庁舎
Los Angeles City Hall

ロサンゼルス、アメリカ合衆国
設計：ジョン・パーキンソン、ジョン・C・オースティン、
アルバート・C・マーティン・シニア、1928年

　この市庁舎は街のあらゆる公文書やポリスバッジに図柄として登場し、たびたび映画やテレビ、ゲームの中で脇役を演じることから、おそらくロサンゼルスで最も有名な建物です。オースティンはその建物を、非常に多くの様式から影響を受けつつも、従来にない建築様式を創造するという志を持つ「モダン・アメリカン」であると見なしました。

　しかしながら138メートルのタワーはまぎれもなく、1920年代当時に流行していたアール・デコ様式となっています。長年、その高さを超える建物はロサンゼルスダウンタウンにおいては認められず、1964年まで州で最も高層な建築物であり続けました。またかつて街を襲った地震の深刻な損害から市庁舎を保護するため、2001年には耐震補強も施されています。

City Hall is perhaps the most famous building in Los Angeles; it features on all official city documents, on police badges, and is a frequent supporting player in film, television and gaming. Austin classed the building as 'Modern American'; although influenced by a great many styles, the aim was to create a heretofore unseen mode of architecture. The 138-metre tower, however, is unmistakably art deco in style. No building in Los Angeles was allowed to exceed its height for many years, and it remained the tallest building in the state until 1964. In 2001, a seismic retrofit was completed to protect City Hall from serious damage from earthquakes, to which the city is prone.

City Hall (Hôtel de ville) est sans doute l'édifice le plus connu de Los Angeles ; il figure dans tous les documents officiels de la ville, sur les badges de la police, et sert fréquemment de décor pour le cinéma, la télévision et les jeux. Austin a vu dans cet ouvrage « le style américain moderne » ; malgré d'innombrables influences architecturales, l'objectif était de créer un style jusqu'alors jamais vu. Pour autant, la tour de 138 mètres de haut est résolument d'inspiration Art déco. Il a longtemps été interdit de construire des immeubles dépassant le City Hall qui demeura l'édifice le plus haut de l'état jusqu'en 1964. En 2001, le City Hall fit l'objet de modernisations antisismiques afin de prévenir les risques importants de tremblements de terre auxquels la ville est soumise.

El Ayuntamiento, City Hall, es quizá el edificio más famoso de los Ángeles, ya que aparece en todos los documentos oficiales de la ciudad, en las placas de la policía y, como actor secundario habitual, en el cine, la televisión y los juegos de azar. Austin clasificó el edificio como «Modern American»: aunque influido por una gran variedad de estilos, el objetivo era crear una modalidad de arquitectura nunca vista hasta la fecha. La torre de 138 metros, no obstante, presenta un estilo inconfundiblemente Art deco. Durante años, ningún edificio de Los Ángeles tuvo el permiso de superar su altura, por lo que siguió siendo el edificio más alto del estado hasta 1964. En 2001, concluyó la modernización sísmica para proteger el Ayuntamiento de posibles graves daños provocados por los terremotos, a los que la ciudad es propensa.

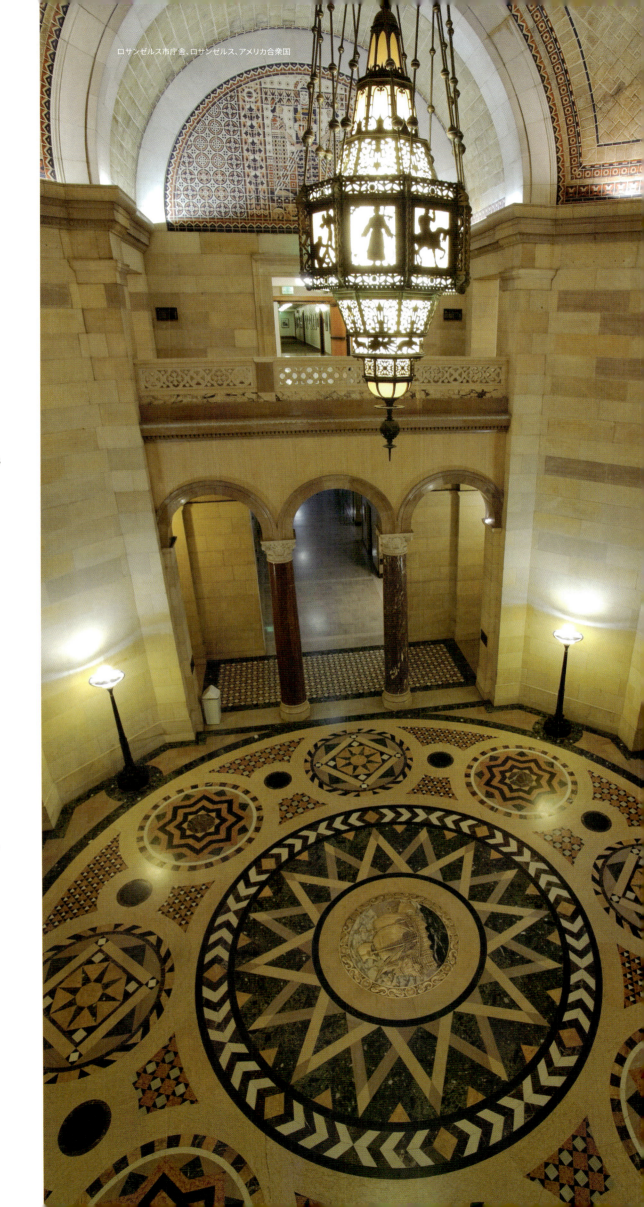

ロサンゼルス市庁舎、ロサンゼルス、アメリカ合衆国

　国立宮殿はメキシコの連邦行政の本拠地ですが、この場所はアステカの時代以来、指導者の座する地でもあり続けています。かつてはモクテスマ２世の宮殿という位置づけでしたが、16世紀からはスペイン人の総督たちが彼らの趣味を建物に施していきました。

　スペインからの独立の幕開けとともに、３階部分の追加を含めた更なる改築も行われました。結果的に、民衆の姿を理想的に描写したともいえるアステカとスペインの要素が融合した建物となったのです。国家の歴史を描いたメキシコが誇る芸術家ディエゴ・リベラのフレスコ画や、独立戦争の開始を記念し毎年９月１５日に鳴らされる独立の鐘がひときわ目立っています。

The National Palace is home to the Federal Executive of Mexico, but this site has been the seat of leadership since Aztec times. Initially this was the location of the palaces of Moctezuma II, but from the 1500s Spanish viceroys adapted the complex to their tastes. With the dawn of independence, further changes were made, including the addition of the third floor. The architecture, as a result, is a blend of Aztec and Spanish elements; a perfect representation of the people. Highlights include the frescoes by Diego Rivera, depicting the history of the nation, and the Freedom Bell, which is rung every 15 September to mark the start of the War of Independence.

Le Palais national est le siège du pouvoir exécutif fédéral au Mexique. Ce site a toutefois été un centre du pouvoir depuis l'époque aztèque. Il hébergeait à l'origine les palais de Moctezuma II, mais à partir des années 1500, les vice-rois espagnols adaptèrent le complexe au gré de leurs convenances. À l'aube de l'indépendance, de nouvelles transformations eurent lieu, dont l'ajout d'un troisième niveau. Le palais arbore ainsi un style architectural hétéroclite mélangeant éléments aztèques et espagnols, dans une parfaite représentation du peuple. Le monument compte au nombre de ses attractions les fresques de Diego Rivera qui retracent l'histoire de la nation, et la Cloche de la liberté qui retentit chaque 15 septembre pour célébrer le début de la Guerre d'indépendance.

国立宮殿、メキシコシティ、メキシコ合衆国

En el Palacio Nacional se halla la sede del poder ejecutivo federal de México pero este lugar ha sido centro de poder desde época azteca. Aquí se encontraba el emplazamiento inicial de los palacios de Moctezuma II, aunque desde el siglo XVI los virreyes españoles adaptaron el edificio a su gusto. En los albores de la independencia, se realizaron más modificaciones, entre ellas, la construcción de la tercera planta. La arquitectura es, por lo tanto, una combinación de elementos aztecas y españoles: una perfecta representación del pueblo. Entre los elementos más destacados se incluyen los frescos de Diego Rivera, que describen la historia de la nación, y la Campana de la Libertad, cuyo tañido resuena cada 15 de septiembre en conmemoración del inicio de la Guerra de la Independencia.

旧国会議事堂(カピトリオ)
National Capitol Building

ハバナ、キューバ共和国
設計：ラウル・オテロ、エウヘニオ・ライネリ・ピエドラ、1929年

「カピトリオ」はヘラルド・マチャド大統領が1925年の選出後に建築家に設計を依頼した建物であり、1959年にキューバ革命が決着し共産政権が樹立するまで国会議事堂として使用されていました。その後は長らく科学技術環境省が入居していましたが2013年に政府は全国会議の本部とするために、議事堂を以前の誇りある姿へと修復する計画を発表したのです。

約5年かかる見込みの修復事業は、かつてのとてつもない贅沢の化身ともいうべき建物を、キューバ共産主義議会の本拠地へとふさわしい姿にする予定となっています。

'El Capitolio' was commissioned by President Gerardo Machado after his 1925 election, and it was the seat of government until the Cuban Revolution ended in 1959, when the Communist regime was established. For a time it housed the Ministry of Science, Technology and the Environment, but in 2013 the government announced its plans to restore the Capitol to its former glory and make it home to the National Assembly. The restoration project, which is expected to take around five years, will see this former paragon of extravagance become home to Cuba's Communist parliament.

旧国会議事堂(カピトリオ)、ハバナ、キューバ共和国

Commandé par le Président Gerardo Machado après avoir été élu en 1925, « El Capitolio » a été le siège du gouvernement jusqu'à la fin de la Révolution cubaine en 1959, année de la mise en place du régime communiste. Le bâtiment a un temps hébergé le ministère des Sciences, de la Technologie et de l'Environnement. Toutefois, en 2013, le gouvernement a annoncé le projet de restaurer le Capitole dans sa splendeur d'antan pour en faire le siège de l'Assemblée nationale. Les travaux de restauration, qui devraient durer cinq ans environ, feront de cet ancien modèle d'extravagance le nouveau siège du parlement communiste de Cuba.

El Capitolio, realizado por encargo del presidente Gerardo Machado tras su elección en 1925, fue la sede del gobierno hasta el final de la Revolución Cubana en 1959, cuando se estableció el régimen comunista. Durante un tiempo, albergó el Ministerio de Ciencias, Tecnología y Medio Ambiente, pero en 2013 el gobierno anunció un plan para devolver al Capitolio su antiguo esplendor y convertirlo en la sede de la asamblea nacional. El proyecto de restauración, que se prevé que dure unos cinco años, convertirá este antiguo ejemplo de derroche en la sede del parlamento comunista de Cuba.

トロント市庁舎
Toronto City Hall

トロント、カナダ
設計：ヴィリオ・レヴェル、ヘイッキ・カストレン、
ベンクトゥ・ランゼン、セッポ・ヴァルユス、1965年

　1958年、建物前の広場にも名がつけられたネイサン・フィリップス市長によって、新しいトロント市庁舎設計のための国際コンペティションが開催されました。勝利を収めたレヴェルのデザインは、現在では隣接する裁判所となっている旧庁舎のネオロマネスク様式とは遠くかけ離れていましたが、とても近代的なデザインとなっていました。
　東側が27階建て、西側は20階建てと異なる高さのふたつのタワーと議事堂とを基準面が支えており、空から眺めた際に見えるタワーの曲線と議事堂の白い円屋根（まるやね）によって、「市政の目」という建物のお茶目な愛称へとつながりました。

In 1958 an international competition to design Toronto's New City Hall was launched by Mayor Nathan Phillips (for whom the square in front of the edifice is now named). The winning design could not have been further removed from that of its adjacent Romanesque Revival predecessor, which is now a courthouse. In Revell's modern design a podium supports a council chamber embraced by two towers of differing heights; the east tower stands at twenty-seven storeys, and the west tower at twenty. The curve of these towers and the white disk of the chamber, when viewed from the air, led to the complex's playful nickname: 'The Eye of the Government'.

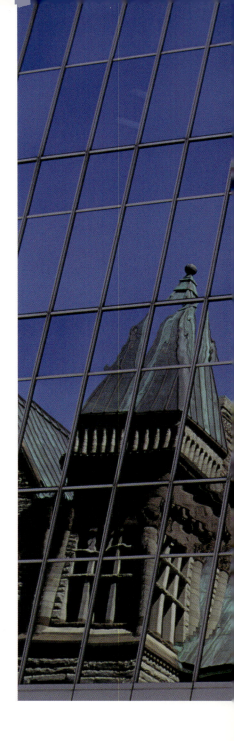

En 1958, le maire Nathan Phillips (dont le nom a été donné à la place située devant l'édifice) lance un concours d'architecture international pour concevoir le futur Hôtel de ville de Toronto. On ne pouvait imaginer projet gagnant plus dissemblable que son prédécesseur attenant de style néo-roman, qui abrite désormais le palais de justice. L'architecture moderne de Revell repose sur une estrade qui accueille une salle du conseil flanquée de deux tours de hauteur différente ; la tour orientale s'élève sur vingt-sept étages, contre vingt pour la tour occidentale. La cambrure de ces deux tours et le disque blanc formé par la salle du conseil, vus d'en haut, ont valu au complexe le surnom « d'œil du gouvernement ».

トロント市庁舎、トロント、カナダ

En 1958, el alcalde Nathan Phillips (que dio nombre a la actual plaza frente al edificio) organizó un concurso internacional para diseñar el nuevo ayuntamiento de Toronto. El diseño ganador no pudo distanciarse más del de su predecesor adyacente de estilo neorrománico, ocupado actualmente por un juzgado. En el moderno diseño de Revell, un podio soporta un salón de plenos rodeado por dos torres de distintas alturas: la torre este presenta veintisiete plantas y la oeste, veinte. La curva de estas torres y el disco blanco del salón de plenos, cuando se aprecian desde el aire, han generado un malicioso apodo para el conjunto: «El Ojo del Gobierno».

アメリカ合衆国議会本部の議事堂は鋳鉄製のドーム屋根で、おそらくアメリカで最も有名な人工のランドマークです。全高88メートルの偉容を誇る議事堂の塔屋のてっぺんには自由の女神像が立ち、まさに新古典主義スタイルによる議事堂の玄関口とともに、「人民による人民のための政治」という建国の理想を反映しています。

設計案は後に定礎の起工式を行ったジョージ・ワシントン大統領により1793年に選定されましたが、資金難と1812年からの米英戦争のせいで建設は遅れ、その工期の超過により設計者とは別に11人もの建築家が関与することになりました。現在の議事堂は約4エーカー（1万6000平方メートル）の広さとなり、全世界から毎年3〜500万人の訪問者を迎えいれている世界でも最も人気のある合衆国の建築物の1つとなっています。

The cast-iron dome of the Capitol, the seat of the United States Congress, is arguably the most recognisable man-made landmark in the USA. At its pinnacle, giving the Capitol a total height of 88 metres, stands the 'Statue of Freedom', which, together with the overall neoclassical approach, reflects the ancient ideals of governance for the people, by the people. This design was selected by President George Washington, who laid the cornerstone in 1793, but construction was slow, owing to funding difficulties and the War of 1812, and over time involved eleven different architects. Today, the Capitol covers approximately 16,200 square metres and is one of the world's most popular federal buildings, with 3-5 million global visitors annually.

アメリカ合衆国議会議事堂
United States Capitol

ワシントンD.C.、アメリカ合衆国
設計：ウィリアム・ソーントン　1826年

Le dôme en fonte du Capitole, siège du Congrès américain, est incontestablement l'ouvrage architectural le plus distinctif des États-Unis. En son sommet, faisant culminer le Capitole à 88 mètres de haut, se dresse la Statue de la Liberté qui, avec le style général de l'édifice d'inspiration néoclassique, incarne les antiques idéaux de gouvernance du peuple par le peuple. Le projet a été choisi par le Président George Washington, qui posa la première pierre de l'édifice en 1793. Les travaux de construction ont été cependant ralentis par des problèmes de financement et par la Guerre anglo-américaine de 1812. La construction du Capitole a vu se succéder onze architectes en tout. Aujourd'hui, le Capitole s'étend sur près de 16 000 mètres carrés et représente l'un des édifices fédéraux les plus connus au monde qui accueille 3 à 5 millions de visiteurs par an.

La cúpula de hierro fundido del Capitolio, sede del Congreso de los Estados Unidos, es posiblemente el emblema arquitectónico más reconocible de este país. En su pináculo, que proporciona al Capitolio una altura total de 88 metros, se encuentra la Estatua de la Libertad que, junto con el planteamiento neoclásico del conjunto, encarna los antiguos ideales de gobierno para el pueblo y por el pueblo. El diseño fue seleccionado por el presidente George Washington, que colocó la piedra angular en 1793, pero la construcción se llevó a cabo lentamente, debido a problemas financieros y a la Guerra de 1812, y a lo largo del tiempo requirió la participación de once arquitectos distintos. Actualmente, el Capitolio abarca aproximadamente una hectárea y media y es uno de los edificios federales más conocidos del mundo, con un total de entre 3 y 5 millones de visitantes anuales.

アメリカ合衆国議会議事堂、ワシントンD.C.、アメリカ合衆国

カナダ国会議事堂
Parliament Buildings

オタワ、カナダ
設計：トーマス・フラー&チリオン・ジョーンズ、
トーマス・ステント&オーガスタス・レーバー、1866年
ジョン・A・ピアソン&ジャン・オマール・マルシャン、1922年

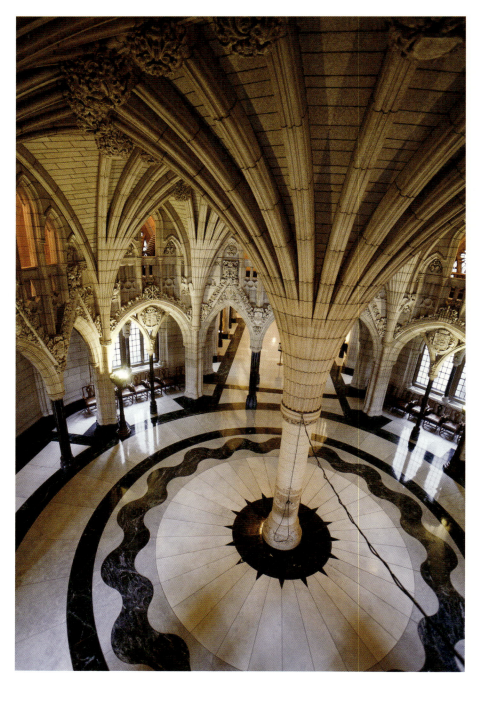

In 1857, Queen Victoria chose Ottawa as the capital of the Province of Canada, and work began soon after, in 1859, on a site overlooking the Ottawa River. The Centre, East and West blocks were completed by 1866, and the following year Canada became a country under the terms of the British North America Act. The original Centre Block was devastated by fire in 1916, and rebuilding commenced during the First World War. The new building was completed in 1922, its Gothic Revival style chosen both in homage to Westminster and in deliberate contrast to the neoclassical US Capitol.

　1857年にヴィクトリア女王がオタワを英領カナダ州の州都として制定し、それから間もなく1859年からオタワ川を見渡す場所で議事堂の建設作業は始まりました。中央棟・東棟・西棟は1866年に完成しましたが、翌年にカナダは英領北アメリカ法での取り決めにより自治領となったのです。
　初代の中央棟は1916年の火事で焼け落ち、第一次世界大戦中に再建されました。新しい議事堂は1922年に完成し、そのゴシック・リヴァイヴァル様式は同じ様式によるウェストミンスター宮殿への敬意と新古典様式によるアメリカ合衆国議事堂への対抗というふたつを意識したものです。

カナダ国会議事堂、オタワ、カナダ

カナダ国会議事堂、オタワ、カナダ

En 1857, la Reine Victoria désigna Ottawa capitale de la Province du Canada. Des travaux de construction débutèrent peu après, en 1859, sur un site surplombant la rivière des Outaouais. Les parties Centrale, Orientale et Occidentale furent achevées en 1866, et l'année suivante, le Canada fut proclamé pays aux termes de l'Acte de l'Amérique du Nord britannique. L'édifice central d'origine fut dévasté par un incendie en 1916, puis reconstruit durant la Première Guerre mondiale. Le nouvel édifice fut achevé en 1922, dans un style néo-gothique choisi à la fois pour rendre hommage à Westminster et prendre délibérément le contrepied du Capitole américain et de son style néoclassique.

En 1857, la reina Victoria eligió Ottawa como capital de la Provincia de Canadá, tras lo que se iniciaron las obras, en 1859, en un emplazamiento sobre el río Ottawa. Los bloques Centro, Este y Oeste se terminaron en 1866 y, un año después, Canadá se convirtió en un país soberano según lo previsto en el Acta de la Norteamérica británica. El bloque Centro original fue destruido por un incendio en 1916 y su reconstrucción comenzó durante la Primera Guerra Mundial. El nuevo edificio, finalizado en 1922, es de carácter neogótico, estilo que se eligió tanto en homenaje a Westminster como en marcado contraste con el neoclasicismo del Capitolio de EE. UU.

カサ・ロサダ
La Casa Rosada

ブエノスアイレス、アルゼンチン共和国
1580年

　大統領官邸にしてアルゼンチン政府庁舎となっているこの謎めいた建物は、かつての独裁者エバ・ペロン大統領やレオポルド・ガルチェリ司令官が、そのバルコニーで行った印象的な演説により世界中に知られています。この館は国の文化財に指定されており、またその独特な外壁の色彩はしばしば議論の対象となっています。

　あるひとは連邦主義派の政党色である赤色と中央集権主義派の白色との中間色は1870年代の政治的緊張を和らげるための意思表示でもあるのだと言い、またあるひとはかつて湿気から建材を保護するために一般的に行なわれていた鉄分を求めて牛の血液を使ったカビ防止の塗装であると言っています。

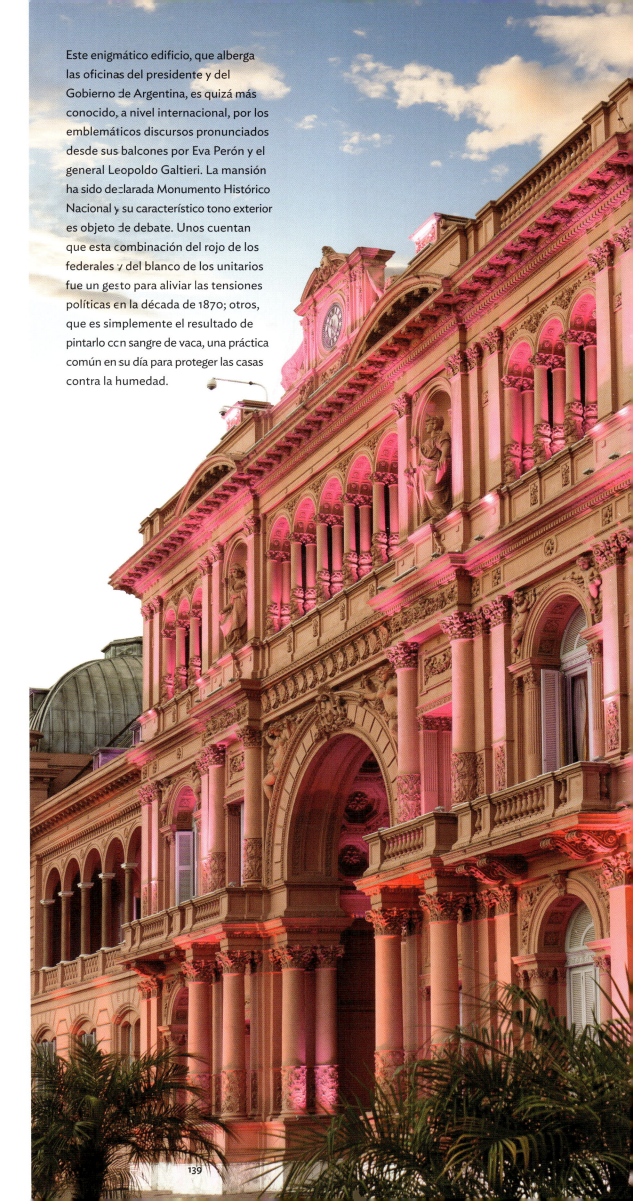

This enigmatic building, which houses the office of the president and the government of Argentina, is perhaps best known internationally for the iconic speeches delivered from its balconies by Eva Perón and General Leopoldo Galtieri. The mansion has been declared a National Historic Monument, and its distinctive external hue is a subject of debate. Some say this combination of the red of the Federalists and the white of the Unitarians was a gesture to ease political tensions in the 1870s; others that it is simply the result of being painted with cow blood, a once common practice to protect against humidity.

Este enigmático edificio, que alberga las oficinas del presidente y del Gobierno de Argentina, es quizá más conocido, a nivel internacional, por los emblemáticos discursos pronunciados desde sus balcones por Eva Perón y el general Leopoldo Galtieri. La mansión ha sido declarada Monumento Histórico Nacional y su característico tono exterior es objeto de debate. Unos cuentan que esta combinación del rojo de los federales y del blanco de los unitarios fue un gesto para aliviar las tensiones políticas en la década de 1870; otros, que es simplemente el resultado de pintarlo con sangre de vaca, una práctica común en su día para proteger las casas contra la humedad.

Cet édifice énigmatique, qui abrite le bureau du Président, ainsi que le Gouvernement d'Argentine, est sans doute mieux connu dans le monde pour les célèbres discours prononcés depuis ses balcons par Eva Perón et le Général Leopoldo Galtieri. L'édifice a été proclamé monument historique national, et sa couleur extérieure distinctive ne cesse d'alimenter les débats. Certains affirment que cette association entre le rouge des Fédéralistes et le blanc des Unitaires symbolise un geste visant à apaiser les tensions politiques dans les années 1870 ; d'autres que cette couleur résulte tout simplement d'une peinture au sang de bœuf, pratique alors courante pour protéger les bâtiments contre l'humidité.

ブラジリアへの遷都計画は、国家資源の拡張とリオデジャネイロへ集中した資本の分散を目的として、すでに18世紀には提唱されていました。そして1950年代に、ジュセリーノ・クビチェック大統領によって実現しました。彼は立て続けに都市の建設を開始し、その斬新な建物群はオスカー・ニーマイヤーとルシオ・コスタの指揮下で、開放的かつ進歩的な新首都を反映するために築かれたのです。
　28階建てのツインタワーと、その横に配置されたドーム型の上院議事堂およびボウル型の下院議事堂で構成されている連邦議会議事堂は、ユネスコの世界遺産として登録された人工都市の中でも特にすぐれたものです。

First proposed in the eighteenth century in an effort to spread national resources and divert the concentration of investment away from Rio de Janeiro, the planned capital of Brasília was realised by President Juscelino Kubitschek in the 1950s. He initiated a flurry of construction, as innovative buildings were erected to reflect an open and progressive new capital, under the direction of Oscar Niemeyer and Lúcio Costa. The Congresso Nacional, which is comprised of two twenty-eight-storey towers flanked by the dome-shaped senate and the bowl-shaped Chamber of Deputies, is the jewel in the crown of this UNESCO World Heritage site.

ブラジル連邦議会議事堂
National Congress Building

ブラジリア、ブラジル連邦共和国
設計：オスカー・ニーマイヤー、1974年

D'abord proposé au dix-huitième siècle dans un effort visant à mieux répartir les ressources nationales et à déconcentrer les investissements de Rio de Janeiro, le projet urbain de la ville de Brasilia a vu le jour dans les années 50 sous l'impulsion du Président Juscelino Kubitschek, à l'origine d'une véritable frénésie de travaux de construction. Des bâtiments innovants sont ainsi sortis de terre pour donner vie à une nouvelle capitale résolument tournée vers le progrès sous la direction des architectes Oscar Niemeyer et Lúcio Costa. Composé de deux tours de vingt-huit étages entourées de chaque côté par le Sénat en forme de coupole et par la Chambre des députés en forme de cuve, le Congresso Nacional forme le joyau architectural de ce site classé au patrimoine mondial de l'UNESCO.

Presentada inicialmente en el siglo XVIII como un esfuerzo por ampliar los recursos naturales y desplazar la concentración fuera de Río de Janeiro, la capital planificada de Brasilia fue realizada por el presidente Juscelino Kubitschek en la década de 1950. Inició un aluvión de construcciones y fue creando innovadores edificios, fiel reflejo de una nueva capital abierta y progresista, bajo la dirección de Óscar Niemeyer y Lúcio Costa. El *Congresso Nacional*, que consta de dos torres de 28 plantas flanqueadas por el Senado, en forma de cúpula, y la Cámara de los Diputados, en forma de cuenco, constituye la joya de la corona de este lugar, declarado Patrimonio de la Humanidad por la UNESCO.

ブラジル連邦議会議事堂、ブラジリア、ブラジル連邦共和国

ストーモント国会議事堂
Parliament Buildings, Stormont

ベルファスト、北アイルランド
設計：アーノルド・ソーンリー、1932年

　1マイル（1.6km）も続くプリンス・エドワード通りの端には、アイルランドの自治問題に対して連合主義の立場を取っていた活動家エドワード・カーソンのいきいきとした彫像が、街の東部ストーモントへの観光客を手招きしています。

　北アイルランドに対してイギリス連合王国の影響のもとで自治権を与えた1921年のアイルランド統治法によって、新たな議会棟のためにこの場所が用意されました。その直後、ウォール街での株の大暴落（世界大恐慌）により、野心的な計画はいくらか規模を縮小されましたが、ソーンリーによる古典主義様式の建築はポートランド産の石灰岩で作られモーン山地の花崗岩（かこうがん）の基盤の上に設置されました。

　北アイルランドの独立問題が最も深刻化した1972年に北アイルランド議会は廃止され、またイギリス政府による直接統治に戻りました。その後、1998年にはイギリスとアイルランドとの聖金曜日協定（ベルファスト合意）の一環として現在の行政府がストーモントでの自治を再び獲得したのです。

At the end of the mile-long Prince of Wales Avenue, a dramatic statue of Unionist Home Rule campaigner Edward Carson beckons the visitor to Stormont. In 1921 this land was acquired for Northern Ireland's new parliament, following the Government of Ireland Act, granting the region self-government within the United Kingdom. Scaled back from a more ambitious plan following the Wall Street Crash, Thornely's classical edifice was built from Portland stone and mounted on Mourne granite. In 1972, the most devastating year of the Troubles, the parliament was abolished and direct rule from Westminster was reintroduced, but in 1998 the current Executive took its seat at Stormont as part of the Good Friday Agreement.

Al final de la avenida Prince of Wales, que se extiende a lo largo de kilómetro y medio, una espectacular estatua del defensor de la autonomía unionista, Edward Carson, atrae la mirada de los visitantes de Stormont En 1921, tras el Estatuto del Gobierno de Irlanda que otorgó a la región el autogobierno dentro del Reino Unido, se adquirió este terreno para la construcción del nuevo parlamento de Irlanda del Norte. Tras el Crac de Wall Street, que obligó a reducir su tamaño frente a un plan original más ambicioso, el edificio clásico de Thornley se construyó en piedra de Portland y granito de Mourne. En 1972, el año más devastador en la historia del conflicto de Irlanda del Norte, se abolió el parlamento y se reinstauró el gobierno directo por parte del Parlamento de Westminster pero, en 1998, el actual poder ejecutivo estableció su sede en Stormont tras el Acuerdo de Viernes Santo.

Au bout de la longue avenue Prince of Wales, une impressionnante statue du militant unioniste contre l'autonomie sous la tutelle de la couronne britannique, Edward Carson, invite le visiteur à pénétrer dans Stormont. Ce terrain fut acquis en 1921 pour le nouveau parlement d'Irlande du Nord, suite à la loi sur le Gouvernement de l'Irlande accordant à la région l'autonomie au sein du Royaume-Uni. Réduit par rapport au projet plus ambitieux au lendemain du krach boursier de 1929, l'édifice classique de Thornley a été construit en pierre de Portland et érigé sur du granit de Mourne. En 1972, année la plus dévastatrice du conflit nord-irlandais (les « Troubles »), le parlement fut aboli et le contrôle direct par Westminster réintroduit. Cependant, en 1998, le pouvoir alors en place établit son siège à Stormont suite à l'accord du Vendredi saint.

ストーモント国会議事堂、ベルファスト、北アイルランド

NO — ENTRY

カスティーリャ・イ・レオン州は、世界中のどの地域よりも多くの世界遺産と約250万人が住むスペイン最大の自治州です。その諮問委員会の本部はサモラ市街の歴史を重ねる中心部におかれています。

その特徴は、向かい側のロマネスク様式の聖堂と同じ伝統的な石材を使った強固な外壁、広々とした余裕と余計な装飾を最小限に抑えた革新的な屋内空間、ふたつの目立たない庭を脇においた総ガラス製のファサード（正面玄関）などです。

本案での建築家の理想は「空気のように自然に作る」ことであり、その構想の実現化によって、とても開放的にして上品な政府庁舎が完成しました。

カスティーリャ・イ・レオン諮問委員会本部
Offices of the Castile and León Government

サモラ、スペイン
設計：アルベルト・カンポ・バエサ、2012年

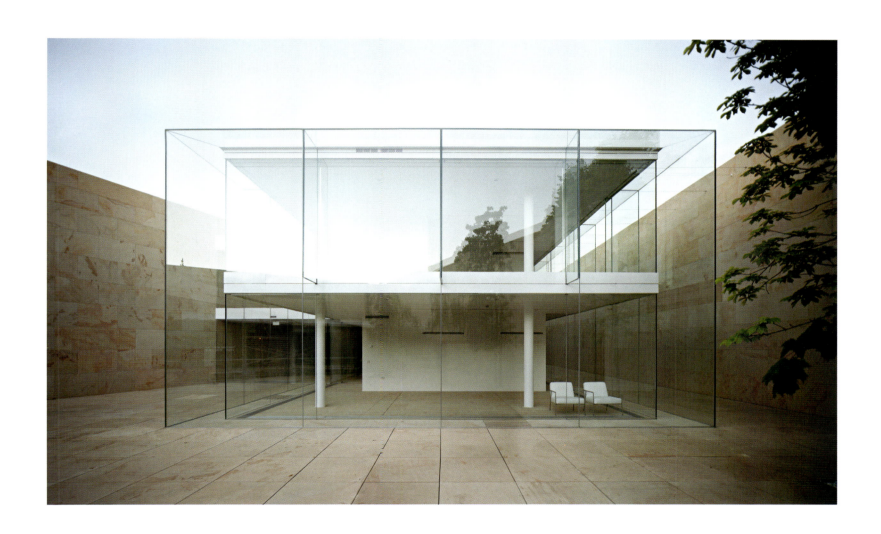

Castile and León is the largest autonomous region in Spain, with a population of around 2.5 million and more World Heritage sites than any other area in the world. The offices of its government are located in the ancient heart of the city of Zamora. Its solid exterior wall, hewn from the same traditional stone as the Romanesque cathedral opposite, belies an airy, minimalist and innovative interior space, where two secret gardens flank a structure with an exclusively glass façade. The architect's dream was 'to build with air', and the realisation of his vision is a strikingly open and elegant government building.

カスティーリャ・イ・レオン諮問委員会本部、サモラ、スペイン

Castille-et-León est la région autonome la plus grande d'Espagne, avec une population estimée à 2,5 millions d'habitants et plus de sites classés au patrimoine mondial qu'aucune autre région du globe. Son gouvernement siège dans l'ancien centre de la ville de Zamora. Ses solides remparts extérieurs, taillés dans la même pierre traditionnelle que celle de la cathédrale romane qui lui fait face, abritent un espace intérieur aéré, minimaliste et innovant où deux jardins secrets donnent sur une structure entièrement vitrée. L'architecte nourrissait l'ambition d'une « construction aérienne » incarnée par un bâtiment qui se distingue par une structure ouverte tout en élégance.

Castilla y León, la comunidad autónoma más grande de España, cuenta con una población de unos 2,5 millones de habitantes e incluye más lugares declarados Patrimonio de la Humanidad que cualquier otra parte del mundo. Su sede de gobierno se encuentra en el centro de la antigua ciudad de Zamora. Sus sólidos muros exteriores, construidos con la misma piedra tradicional que la catedral románica situada enfrente, ocultan un espacio interior amplio, minimalista e innovador, donde dos jardines secretos flanquean una estructura con una fachada totalmente acristalada. El sueño del arquitecto era «construir con aire» y su visión se ha materializado en un edificio gubernamental elegante y sorprendentemente abierto.

スコットランド議会会館
Scottish Parliament Building

エディンバラ、スコットランド
設計：エンリック・ミラジェス、2004年

1970 年代にスコットランド国民党の勢力が拡大した後、1997 年の最終住民投票では国民が内政の大部分をスコットランドの支配下に戻すことを支持しました。独立したスコットランド議会をという願いは、2004 年の議会会館の竣工によってようやく実現化したのです。住人と議会を近づけるための象徴として「アーサーの玉座」として有名なスコットランドの丘から切り出された岩石が建材として使われています。

議会会館の設計においてベースとなったアーツ・アンド・クラフツ（美術工芸）運動についての斬新な解釈は、建設予算の上昇の原因となったことで多くの批判を受けましたが、現在では国内で最も革新的な場所の1つとしてもてはやされています。

Following the growth of the Scottish National Party in the 1970s, and an eventual referendum in 1997 that saw the public vote in favour of bringing the majority of domestic affairs back under Scottish control, the vision of an independent Scottish Parliament was finally realised in 2004 with the unveiling of this striking building, which rises out from the rocks at the base of Arthur's Seat, linking the land and its people. This futuristic interpretation of Arts and Crafts architecture drew much criticism due to its indulgent budget, but it is now hailed as one of the most innovative spaces in the country.

スコットランド議会会館、エディンバラ、スコットランド

Suite au développement du parti national écossais dans les années 70, et à un référendum en 1997 dont le vote s'est soldé en faveur d'un contrôle écossais sur la majorité des affaires nationales, la vision d'un parlement écossais indépendant s'est finalement concrétisée en 2004 avec l'inauguration de ce bâtiment surprenant qui s'élève au-dessus des rochers au pied du Siège d'Arthur, liant le peuple à sa terre. Cette interprétation futuriste de l'art nouveau a suscité de nombreuses critiques en raison de son budget colossal. Elle est cependant désormais saluée comme l'un des espaces les plus innovants du pays.

Tras la expansión del Partido Nacional Escocés en la década de 1970 y el referéndum definitivo de 1997, que apoyó el retorno de la mayoría de los asuntos internos al control escocés, la visión de un parlamento de Escocia independiente se materializó finalmente en 2004, con la inauguración de este sorprendente edificio que surge de las rocas, al pie de la colina de Arthur's Seat, uniendo la tierra y sus habitantes. Esta interpretación futurista de la arquitectura Arts and Crafts suscitó numerosas críticas debido a un presupuesto muy permisivo pero, en la actualidad, es aclamado como uno de los espacios más innovadores del país.

スコットランド議会会館、エディンバラ、スコットランド

セネッド
Senedd

カーディフ、ウェールズ
設計：ロジャース・スターク・ハーバー＋パートナーズ、2006年

かつてカーディフ港湾はウェールズの活気に満ちた石炭輸出産業の中心でした。現在では1999年の住民投票の成果によって組成されたウェールズ国民議会の本拠地となっており、多数のガラスやウェールズ産の粘板岩、自然換気システムが一体となったセネッドと呼ばれる議会棟は、再開発された土地の持つ可能性についてのとてもわかりやすい実例となっています。

セネッドは会議場の屋外屋内ともに美しい細工がなされた傾斜した屋根に特色があります。また議会からの説明によれば、訪問客にとってアクセスしやすく、見通しがあり、そして長期的な展望にもとづく環境システムを持つ建物の成り立ちは「ウェールズの人々のために奮闘する議会の精神」を、このうえなく完璧に表現しているそうです。

Cardiff Bay was once the nucleus of Wales's vital coal-exporting industry. Now it is home to the Welsh National Assembly, which was formed as a result of the 1997 referendum, and its architecture, with its abundance of glass, Welsh slate, and natural ventilation, is a bold testament to the potential of regeneration. The Senedd is dominated by a beautifully sculpted roof, both externally and internally, where it descends dramatically upon the chamber, and according to the Assembly, the building's principles of accessibility, transparency and sustainability perfectly mirror those for which the Assembly itself strives for the Welsh people.

La Baie de Cardiff était autrefois le centre névralgique des exportations de charbon gallois. Elle abrite aujourd'hui l'Assemblée nationale du pays de Galles, établie à l'issue du référendum de 1997. Son architecture, marquée par l'abondance de verre et d'ardoise galloise, et sa ventilation naturelle incarnent la vision audacieuse d'un renouveau aux multiples possibilités. La Senedd est dominée par un magnifique toit sculpté, à l'intérieur comme à l'extérieur, offrant un cadre spectaculaire au-dessus de la salle et, de là à l'Assemblée. Les principes ayant sous-tendu la construction de l'édifice, à savoir l'accessibilité, la transparence et le développement durable, sont en parfaite adéquation avec les valeurs que l'Assemblée défend dans l'intérêt du peuple gallois.

La bahía de Cardiff supuso, en su tiempo, el núcleo de la industria exportadora de carbón de Gales, vital para el país. Ahora es la sede de la Asamblea Nacional de Gales, que se constituyó como resultado del referéndum de 1997. Su arquitectura, con gran abundancia de cristal, pizarra galesa y ventilación natural, representa un testimonio audaz del potencial de regeneración. El Senedd está dominado por un tejado bellamente esculpido, tanto en el interior como en el exterior, que desciende de manera espectacular hasta la cámara. Según la Asamblea, los principios del edificio de accesibilidad, transparencia y sostenibilidad reflejan a la perfección los mismos principios que defiende la Asamblea para el pueblo galés.

The Palace of Westminster, home to the House of Commons and the House of Lords, stands on the site of a medieval predecessor that was destroyed by fire in 1834. Two years later, Barry won the commission to build a new palace, and working closely with Pugin, he paid particular attention to the extant features and blended them into the new edifice. Construction on the Perpendicular Gothic complex began in 1840, only to be completed thirty years later. The Palace of Westminster – particularly the Big Ben clock tower, which has been functioning since 1859 – has become a globally acknowledged symbol of England, and in 1987 it was declared a UNESCO World Heritage Site.

　庶民院と貴族院の両院の所在地であるウェストミンスター宮殿は、11世紀に建設され1834年の火災によって焼失したかつての王宮跡地に建っています。火災の2年後、バリーは新宮殿を建設する権利を勝ち取り、そしてピュージンと連係しつつ作業に取り組みながら、残っていた中世時代の建築部分の特徴に対して気を配り、それらを新たな大建築物へと調和させたのです。

　1840年、外観の垂直方向を強調したゴシック様式の建設が開始されましたが、なんと完成したのは30年後でした。ウェストミンスター宮殿、なかでも1859年から動き続けている時計塔ビッグ・ベンは、イングランドのシンボルとして世界的に知られており、1987年にはユネスコの世界遺産に登録されました。

ウェストミンスター宮殿
Palace of Westminster

ロンドン、イングランド
設計：チャールズ・バリー＆オーガスタス・ピュージン、1870年

ウェストミンスター宮殿、ロンドン、イングランド

Le Palais de Westminster, siège de la Chambre des communes et de la Chambre des Lords, se dresse sur l'ancien site d'un édifice médiéval détruit par un incendie en 1834. Deux ans plus tard, Barry remporte le concours pour ériger un nouveau palais. En étroite collaboration avec Pugin, Barry a plus particulièrement veillé à préserver les éléments existants pour les intégrer au nouvel édifice. Les travaux du complexe perpendiculaire de style gothique ont débuté en 1840 pour ne s'achever que trente ans plus tard. Le Palais de Westminster, et notamment la tour de l'horloge Big Ben, qui fonctionne depuis 1859, est devenu un symbole mondialement connu de l'Angleterre, et a été inscrit au patrimoine mondial de l'Unesco en 1987.

El Palacio de Westminster, sede de la Cámara de los Comunes y de la Cámara de los Lores, se encuentra en el emplazamiento de un antiguo edificio medieval, destruido por un incendio en 1834. Dos años más tarde, Barry recibió el encargo de crear un nuevo palacio y, en estrecha colaboración con Pugin, dedicó una atención especial a las características existentes y las incluyó en el nuevo edificio. La construcción del conjunto gótico perpendicular, que comenzó en 1840, finalizó solo treinta años más tarde. El Palacio de Westminster, y en particular la torre del reloj del Big Ben, que ha estado en funcionamiento desde 1859, se ha convertido en un símbolo de Inglaterra reconocido mundialmente y en 1987 fue declarado Patrimonio de la Humanidad por la UNESCO.

シティ・ホール
City Hall

ロンドン、イングランド
設計:ノーマン・フォスター、2002年

Construction of the new City Hall in London began in 1998, as part of the More London development project, which was introduced to utilise the space between London Bridge and Tower Bridge. Bulbous in shape, the building develops ideas that germinated in Foster's Reichstag design; its entirely glass façade engenders transparency and promotes interaction with the surrounding city. Internally, a helical walkway ascends all ten storeys, measuring 500 metres in total, and particular attention was paid to environmental factors: it is built at an angle to avoid intense direct sunlight, and solar panels also serve to reduce electricity consumption, making it one of London's greenest buildings.

　ロンドン橋とタワー・ブリッジとの間の土地活用を意図したモア・ロンドン開発計画の一環として、1998年に新しいシティ・ホールの建設が開始されました。球根状の形をしたその建物は、フォスターが手掛けたドイツ連邦議会の議事堂ライヒスタークの修復計画中に生まれたアイディアを発展させたものです。
　総ガラス張りのファサード（正面玄関）が生み出す見晴らしは、ホールを取り囲むロンドンの中枢部まで含めた景観となっています。屋内では全長500メートルものらせん通路が十層からなる建物を結び、さらに環境問題への配慮がなされています。きびしい直射日光を避ける角度で建てられ、太陽電池のパネルの導入で電力消費の削減をめざすことで、ホールはロンドンで最も環境に優しい建物となっているのです。

シティ・ホール、ロンドン、イングランド

Les travaux de construction du nouveau City Hall (Hôtel de ville) de Londres débutèrent en 1998, dans le cadre du projet de développement baptisé More London, dont l'objectif était d'exploiter les espaces situés entre London Bridge et Tower Bridge. En forme de bulbe, l'édifice incarne des idées tout droit inspirées du Reichstag de Foster ; sa façade entièrement vitrée apporte de la transparence tout en encourageant les échanges avec la ville avoisinante. À l'intérieur, une passerelle en colimaçon dessert les dix étages de l'édifice qui mesure en tout 500 mètres. L'écologie y est particulièrement mise à l'honneur : le bâtiment est incliné de manière à éviter une exposition directe et intense à la lumière du soleil, et des panneaux solaires permettent également de réduire la facture électrique, ce qui en fait l'un des bâtiments les plus écologiques de Londres.

La construcción del nuevo Ayuntamiento de Londres, el City Hall, comenzó en 1998, como parte del proyecto de desarrollo «More London», que se creó para aprovechar el espacio entre London Bridge y Tower Bridge. El edificio, en forma de bulbo, materializa unas ideas que germinaron en el diseño del Reichstag de Foster. Su fachada totalmente acristalada irradia transparencia y favorece la interacción con la ciudad circundante. En el interior, una pasarela helicoidal de 500 metros asciende por las diez plantas. Se ha prestado una atención especial a los factores medioambientales: se construyó inclinado para evitar la intensa luz solar directa y los paneles solares ayudan a reducir el consumo eléctrico, lo que acredita este edificio como uno de los más ecológicos de Londres.

フランス国民議会がおかれたブルボン宮殿は、ルイ14世の娘であるブルボン公爵夫人のために建てられました。当初はベルサイユ宮殿内の大トリアノン宮殿に触発されたシンプルな左右の翼廊(よくろう)構造を主要部に構成されていましたが、その後も継続的に大規模な改修が行われて来ました。

1756年にはコンデ公ジョゼフによって購入され1764年から1789年のフランス革命まで敷地を整備しました。革命後は1808年にベルナール・ペイェにより柱によって支えられた柱廊(ポルチコ)がファサード(正面玄関)に加えられ、現在の姿になりました。

このブルボン宮ではさらに1847年に完成した宮殿図書館が注目すべき見所となっています。その天井はフランスロマン主義の画家ドラクロウによって描かれ、また革命の女性戦士ジャンヌ・ダルクの裁判記録などの大変貴重な文献が収蔵されているそうです。

The Palais Bourbon, the seat of the National Assembly, was built for the Duchesse de Bourbon, daughter of Louis XIV. Initially it was composed of a principal block with simple wings, inspired by the Grand Trianon de Versailles, but it has been extensively renovated in its lifetime. In 1756, it was purchased by the Prince de Condé, who developed the site between 1764 and 1789, and in 1808 the familiar portico by Bernard Poyet was added to the façade. Inside, the palace's library is a particular highlight: completed in 1847, the ceiling was painted by Delacroix, and it houses priceless references, including the minutes of the trial of Joan of Arc.

ブルボン宮殿
Palais Bourbon

パリ、フランス共和国
設計：ロレンツォ・ジャルディーニ、1728年

Le Palais Bourbon, siège de l'Assemblée nationale, a été construit pour la Duchesse de Bourbon, fille de Louis XIV. À l'origine composé d'un bâtiment principal doté d'ailes simples, le Palais Bourbon a été inspiré par le Grand Trianon de Versailles. Au fil du temps, il a toutefois été remanié en profondeur. Le Palais fut racheté en 1756 par le Prince de Condé, qui développa le site entre 1764 et 1789. En 1808, le fameux portique de Bernard Poyet fut ajouté à la façade. À l'intérieur, la bibliothèque du palais offre certainement le clou de la visite : achevé en 1847, le plafond est l'œuvre du peintre Delacroix. La bibliothèque possède en outre des ouvrages inestimables, dont les comptes-rendus d'audiences du procès de Jeanne d'Arc.

El Palais Bourbon, sede de la Asamblea Nacional, se construyó por orden de la duquesa de Bourbon, hija de Luis XIV. En principio, estaba formado por un bloque principal de alas sencillas, inspirado en el Gran Trianón de Versalles, pero ha sido renovado en profundidad a lo largo de toda su vida. En 1756, fue adquirido por el príncipe de Condé, que amplió el sitio entre 1764 y 1789. En 1808 se añadió a la fachada el conocido pórtico de Bernard Poyet. En su interior, destaca en particular la biblioteca del palacio: el techo, finalizado en 1847, es obra de Delacroix y la sala alberga valiosísimas referencias, incluidas las actas del juicio de Juana de Arco.

ブルボン宮殿、パリ、フランス共和国

　沿海都市であるハーグはオランダの政府所在地です。ここには国際司法裁判所がおかれ国家間の主張の審判をしていることでも有名ですが、これはかつてネーデルラント連邦共和国がヨーロッパの中心的役割を担い、各国の対外交渉の中心となっていた17世紀にまで歴史をたどることができます。

　現在のハーグには世界で最も安定した政治議会のうちの1つがおかれています。このビネンホフには国会議事堂と首相官邸がおかれ、2つの政治判断の場があるのです。そのゴシック様式の建築群は13世紀に城としての建築が開始されており、今日では世界で最も古い時代に作られた国会議事堂の1つとしても知られています。

ビネンホフ
Het Binnenhof

ハーグ、オランダ王国
13世紀初期

The coastal city of The Hague is the current seat of government of the Netherlands. It is famous for dealing with international affairs and this can be traced back to the seventeenth century, when the Dutch Republic played a central role in Europe and thus became a centre for diplomatic negotiations. Indeed, The Hague boasts one of the most stable political parliaments in the world. The Binnenhof hosts the meetings between both houses of the state and the office of the Prime Minister. Construction on the Gothic castle complex began in the thirteenth century, and it is now known as one of the oldest houses of parliament in the world.

ビネンホフ、ハーグ、オランダ王国

La ville côtière de la Haye abrite le siège actuel du gouvernement des Pays-Bas. La ville est également connue pour son rôle dans les litiges internationaux, une tradition qui remonte au dix-septième siècle, lorsque la République néerlandaise occupait une place prépondérante en Europe qui lui valut de devenir un centre pour les négociations diplomatiques. La Haye peut de ce fait se targuer d'héberger l'un des parlements politiques les plus stables du monde. Le Binnenhof héberge les réunions entre les deux chambres des États généraux et des bureaux du Premier ministre. La construction de l'enceinte du château gothique a débuté au treizième siècle. Le Binnenhof est aujourd'hui connu pour abriter l'une des chambres parlementaires les plus anciennes au monde.

En la ciudad costera de La Haya se encuentra la sede actual del Gobierno de los Países Bajos. Es famosa por tratar asuntos internacionales, hecho que se puede remontar hasta el siglo XVII, cuando la República de Holanda desempeñó un papel crucial en Europa y se convirtió en un centro de negociaciones diplomáticas. En efecto, La Haya se enorgullece de tener uno de los parlamentos políticos más estables del mundo. En el Binnenhof se celebran las reuniones entre las dos cámaras de representantes y se encuentra el despacho del primer ministro. El conjunto del castillo gótico, cuya construcción se inició en el siglo XIII, es conocido actualmente como una de las cámaras parlamentarias más antiguas del mundo.

ルイーズ・ワイス・ビルは、成長を続ける欧州連合の議会のために建設された建築物群で主となる建物です。ここには会議室や1000以上の議会事務局がおかれており、また議員が総会のために毎月集まる印象的でモダンな議事堂には、見学者の席と議場を取り囲むようにおかれた同時通訳のためのブースがありますが、この2つは光の壁によって上手に分けられています。

建築家たちが設計において着想を求めたのはヨーロッパの歴史と未来からでした。ローマ時代の円形競技場にヒントを得て、さらに民主主義の終わりのない発展を表現するものとして、60メートルの塔の頂点を「未完成」な楕円によって表現したのです。しかしながら欧州連合への懐疑主義者たちは、建物はむしろオランダの画家ブリューゲルの『バベルの塔』のようだ、と言っています。

The Louise Weiss Building is the principal structure in a complex constructed to accommodate the growing Parliament of the European Union. This building houses assembly rooms, more than one thousand parliamentary offices, and an impressive modern hemicycle, where members meet monthly for plenary sessions, encircled by bands of interpreter booths separated from the public gallery above by a wall of lights. The architects were inspired by the history and future of Europe; the design owes a debt to Roman amphitheatres, and the evolution of democracy is signified by the deliberately 'unfinished' ellipse at the top of the 60-metre tower. Eurosceptics, however, have aligned it more to Bruegel's 'Tower of Babel'.

ルイーズ・ワイス・ビル
Louise Weiss Building

ストラスブール、フランス共和国
設計：アーキテクチャー・スタジオ、1999年

Le bâtiment Louise Weiss forme la structure principale d'un complexe destiné à accueillir le Parlement grandissant de l'Union européenne. Cet édifice abrite des salles de réunion, plus d'un millier de bureaux parlementaires, et un impressionnant hémicycle moderne, où les députés se réunissent tous les mois en séances plénières, encerclé dans sa partie supérieure par les cabines d'interprètes dissimulées de la tribune par un mur de lumière. L'histoire de l'Europe et son avenir ont largement inspiré les architectes dont les travaux doivent beaucoup aux amphithéâtres romains. L'évolution de la démocratie y est suggérée par l'ellipse délibérément « inachevée » en haut de la tour de 60 mètres. Les eurosceptiques n'ont cependant pas tardé à rapprocher l'ouvrage de la *Tour de Babel* de Bruegel.

El edificio Louise Weiss constituye la principal estructura de un complejo construido para albergar el Parlamento, en creciente expansión, de la Unión Europea. Este edificio comprende salones de actos, más de un millar de oficinas parlamentarias y un impresionante hemiciclo moderno, donde los miembros se reúnen una vez al mes para las sesiones plenarias, rodeado por las cabinasde los intérpretes y separado de la galería pública superior por una pared luminosa. Los arquitectos se inspiraron en la historia y el futuro de Europa: el diseño tiene una gran deuda con los anfiteatros romanos. La evolución de la democracia está representada por la elipse deliberadamente «inacabada» de la cima de la torre que mide 60 metros. Los euroescépticos, no obstante, lo equiparan más con la *Torre de Babel* de Bruegel.

ルイーズ・ワイス・ビル、ストラスブール、フランス共和国

ロンバルディア州庁舎
Palazzo Lombardia

ミラノ、イタリア共和国
設計：ペイ・コブ・フリード＆パートナーズ、2010年

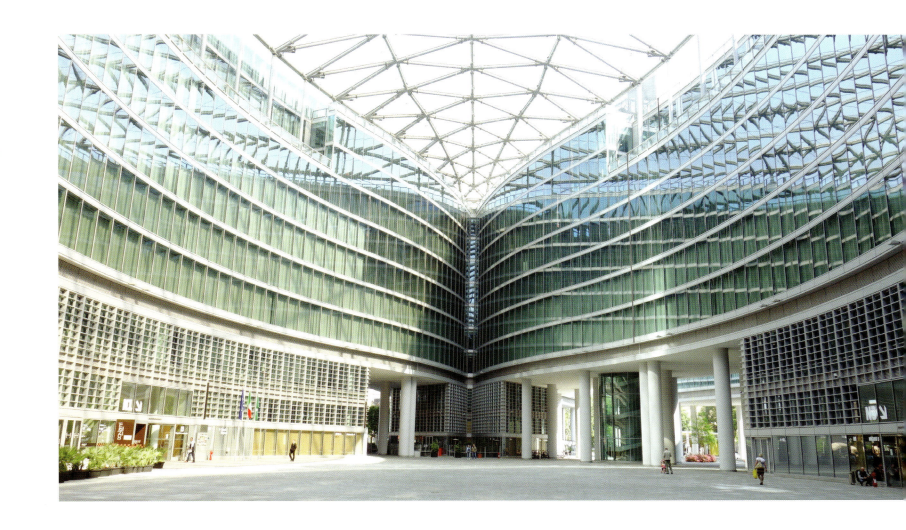

　ロンバルディア州はイタリアで最も裕福かつ人口の多い地域であり、その開発事業は建築賞の栄誉にも輝くものとなりました。それは環境に配慮した最先端の技法の採用や魅力的な屋外の空間創出を意図し、効率的かつ利用しやすい行政庁舎の建築を行なうという決断がもたらしたものです。その印象的な成果からは想像しがたい複雑な構造を内包しています。

　特徴的な構造としては、全高131メートルの細長いタワーから続く、織り合わさったオフィススペースがあります。また建物は光や熱を和らげる環境制御機能をもった壁や、多くのエコロジー整備設備を活用しています。庁舎の流れるような形状は透明で軽量なひさしでおおわれた公共空間、ピアッツァ・チッタ・ディ・ロンバルディアを内包しているのです。

Lombardy is the wealthiest and most populous region in Italy, and this award-winning development is the product of the decision to construct efficient, accessible administrative government offices that would employ cutting-edge green practices and create attractive outdoor space. The result is striking but subtle in its complexity. Its distinctive form is composed of interlacing threads of office space from which the slender 131-metre tower emerges. The building utilises a broad array of green features, including an active climate wall, which tempers light and heat, and its flowing forms enfold the Piazza Città di Lombardia, a public space covered with a transparent, lightweight canopy.

ロンバルディア州庁舎、ミラノ、イタリア共和国

La Lombardie est la région la plus riche et la plus connue d'Italie. L'aménagement de cet édifice exemplaire est le fruit d'un parti pris : celui de construire un ensemble de bureaux publics et administratifs efficace et accessible, à la pointe des pratiques écologiques, tout en aménageant d'agréables espaces extérieurs. Le résultat est d'autant plus remarquable que la complexité de l'édifice parvient à se faire oublier. Sa structure reconnaissable entre toutes se compose d'un réseau entrelacé d'espaces administratifs dont émerge la tour longiligne de 131 mètres. L'édifice arbore un grand nombre de fonctionnalités écologiques, dont un mur climatique actif qui atténue la lumière et la chaleur. Ses courbes fluides bordent la Piazza Citât di Lombardi, un espace public couvert par un auvent à la transparence aérienne.

La Lombardía, la región más rica y poblada de Italia, se enorgullece de su desarrollo triunfal, resultado de la decisión de construir unas oficinas de administración pública eficientes y accesibles, que aplican unas prácticas ecológicas de vanguardia y crean un atractivo espacio exterior. El conjunto resulta de una complejidad llamativa y sutil. Su forma característica está compuesta por filas interrelacionadas de oficinas entre las cuales sobresale la esbelta torre de 131 metros. El edificio saca partido de una amplia gama de funciones ecológicas, incluida una pared climática activa, que atenúa la luz y el calor. Sus formas fluidas envuelven la Piazza Città di Lombardia, un espacio público con una cubierta ligera y transparente.

リヒテンシュタイン公国国会議事堂
Parliament of the Principality of Liechtenstein

ファドーツ、リヒテンシュタイン公国
設計：スタジオ・ハンスイェルク・ゲーリッツ、2008年

　160平方キロメートルの国土と3万5000人の国民をもつリヒテンシュタイン公国は、おそらく世界で最も裕福な国といえます。しかしながらその議会議事堂はけっして時代の最先端をいくものではなく、豊かな自然さがうかがえる地味なものです。
　青々とそびえ立つアルプス山脈のふもと、魅力的な区画であるペーター・カイザー・プラッツの中心に建てられた議事堂には100万個の特注レンガが用いられ、高さ18メートルの勾配屋根や、スイスの山々の素晴らしい全景を見渡す屋上テラスがあります。

Liechtenstein, with an area of just over 160 square kilometres and a population of 35,000, is arguably the richest country in the world. Its parliament, however, has a timeless, spare aesthetic, with just the slightest undertones of theatricality. Set in a stunning location on Peter Kaiser Square, under a looming, verdant Alpine slope, a million custom-made bricks were used in its construction. The centrepieces of the complex are the Landtag's assembly hall, with its 18-metre-high pitched roof, and the roof terrace, which offers a breath-taking panorama of the Swiss mountains.

Le Liechtenstein, avec une superficie d'à peine plus de 160 kilomètres carrés pour 35 000 habitants, est sans conteste le pays le plus riche du monde. Une opulence toutefois absente de son parlement au style aussi intemporel que sobre, un brin théâtral. Avec pour écrin la magnifique place Peter Kaiser, en contrebas d'un versant alpin verdoyant, le parlement arbore un million de briques faites sur mesure. Le complexe s'articule autour de deux pièces maîtresses : la salle de l'Assemblée du Langtag avec sa toiture en pente de 18 mètres de haut, et la terrasse sur toit avec sa vue panoramique des Alpes suisses à couper le souffle.

リヒテンシュタイン公国国会議事堂、ファドーツ、リヒテンシュタイン公国

Liechtenstein, con una superficie ligeramente superior a 160 kilómetros cuadrados y una población de 35.000 habitantes, es posiblemente el país más rico del mundo. Su parlamento, no obstante, presenta una estética intemporal y sobria, con solo unos sutiles toques de teatralidad. Esta construcción, situada en un enclave deslumbrante de la plaza de Peter Kaiser, al pie de una pendiente alpina verde e imponente, requirió un millón de ladrillos hechos a medida. Las partes más destacadas del complejo arquitectónico son la sala de la asamblea del Landtag, con un tejado a dos aguas de 18 metros de altura, y la terraza de la azotea, que proporciona unas vistas panorámicas impresionantes de las montañas suizas.

ライヒスターク（ドイツ国会議事堂）
Reichstag Building

ベルリン、ドイツ連邦共和国
設計：パウル・ヴァロット、1894年
ノーマン・フォスター、1999年

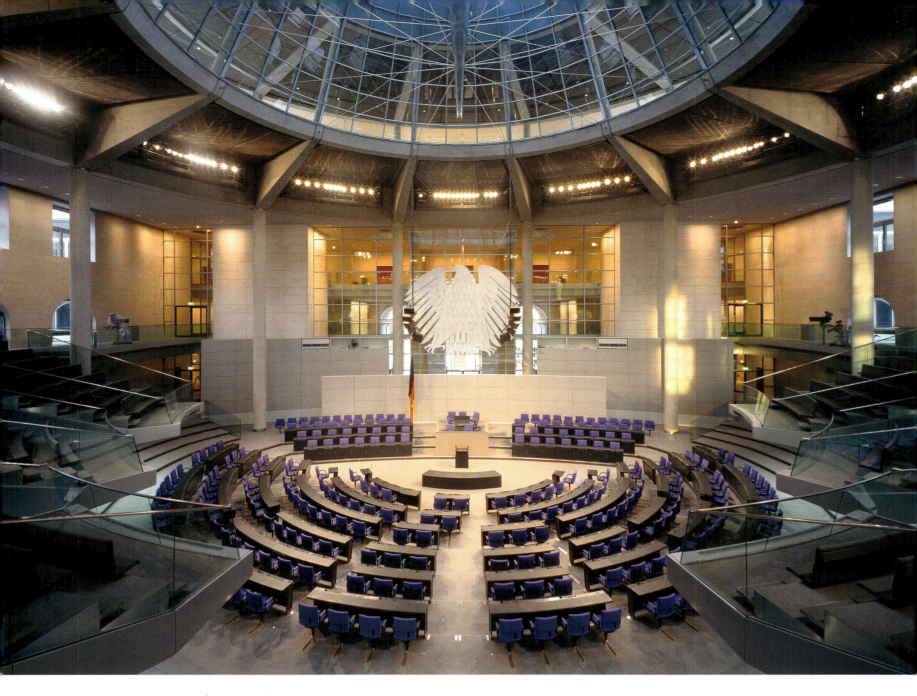

Dem Deutschen Volke（ドイツ国民のために）

1916年に国会議事堂のファサード（正面玄関）に加えられたこの有名な碑文は、激動の時代を何度も生きのびてきました。ヴァロットがオリジナルを手掛けた最盛期のルネサンス調の建物は、1933年の放火事件によって壊滅的な被害を受け、第二次世界大戦後も長い間、火災後の戦災の甚大な損傷に耐えつつも再建されないままでした。

部分的な修復は20世紀半ばに実施されましたが、国会議事堂が議会の所在地として復活したのは1990年代、ドイツ統一の後となりました。フォスターによる改修案は光と風の流れを議場へともたらす新たな円屋根（まるやね）の増築を含んだものですが、より意義深かったのは、それにより眼下で進行中の民主政治を国民が見守れるようになったことなのです。

Dem Deutschen Volke – 'To the German People'. This famous inscription, added to the Reichstag's façade in 1916, has survived many tumultuous times. Devastated by a 1933 arson attack, Wallot's original High Renaissance building stood idle for a long period after the Second World War, during which it suffered extensive damage. Partial renovation was carried out mid-century, but it wasn't until the 1990s, with the reunification of Germany, that the Reichstag was reinstated as the seat of government. Foster's subsequent reconstruction included the insertion of a new dome that provides light and ventilation to the debating chamber, but, more significantly, allows the public to watch democracy in progress below.

Dem Deutschen Volke – « Au peuple allemand ». Cette célèbre devise inscrite sur la façade du Reichstag en 1916 a traversé bien des tumultes. Dévasté par un incendie d'origine criminelle en 1933, l'édifice original conçu par Wallot dans un style néoclassique est longtemps resté sans emploi après la Seconde Guerre mondiale, pendant laquelle il a subi d'importants dégâts. Une rénovation partielle fut entreprise vers le milieu du siècle, mais ce ne fut que dans les années 90, avec la réunification de l'Allemagne, que le Reichstag fut rétabli dans sa fonction de siège du gouvernement. Les travaux de reconstruction entrepris par la suite par Foster ont permis d'aménager un nouveau dôme venant éclairer et ventiler l'hémicycle, et mieux encore, invitant le public à contempler la démocratie à l'œuvre.

Dem Deutschen Volke – «Al pueblo alemán». Esta famosa inscripción, colocada en la fachada del Reichstag en 1916, ha sobrevivido a épocas tumultuosas. Destruido en 1933 por un incendio provocado, el edificio del alto renacimiento original de Wallot estuvo en desuso durante largo tiempo después de la Segunda Guerra Mundial, período en el que sufrió innumerables daños. A mediados del siglo se llevó a cabo una renovación parcial del Reichstag, pero no se rehabilitó como sede de gobierno hasta la década de 1990, con la reunificación de Alemania. La posterior reconstrucción de Foster incluía la colocación de una nueva cúpula que proporcionara luz y ventilación a la cámara de debates y, lo que es aún mas importante, permitiera al público observar más abajo la democracia en progreso.

ライヒスターク(ドイツ国会議事堂)、ベルリン、ドイツ連邦共和国

Photography Credits

Austrian Parliament Building
p. 12/3   © Martin Ruegner/ Getty Images
p. 14   © Yadid Levy/Getty Images
p. 15   © Scott E. Barbour/ Getty Images
p. 16/7   © Jorge Royan/Alamy

Parliament House, Stockholm
p. 18/9   © mos-photography/ Getty Images
p. 20   © bednarek-art.com/Alamy
p. 21   © Elvele Images Ltd/Alamy
p. 22/3   © Werner Nystrand/ Getty Images

South African Houses of Parliament
p. 24   © Jeremy Woodhouse/ Getty Images
p. 25   © W. Robert Moore/ National Geographic Creative
p. 26   © imageBROKER/Alamy
p. 27   © imageBROKER/Alamy

Hungarian Parliament Building
p. 28/9   © Hlinkazsolt/ Getty Images
p. 30   © Goran Bogicevic/ Shutterstock
p. 31   © T photography/ Shutterstock

Old Royal Palace, Athens
p. 32   © Marco Simoni/ Getty Images
p. 33   © Konstantinos Tsakalidis/ Alamy
p. 34/5   © Alvis Upitis, Photographer's Choice RF/ Getty Images

Palace of Parliament, Bucharest
p. 36/7   © Atlantide Phototravel/ Corbis
p. 38   © Narcis/age fotostock
p. 39   © Walter Bibikow/ age fotostock
p. 40/1   Danita Delimont/ Getty Images

Union Buildings, Pretoria
p. 42/3   © Hoberman/age fotostock
p. 44   © Florian Kopp/ imageBROKER/ age fotostock
p. 45   © J. Countess/ Contributor/Getty Images

The Knesset Building
p. 46   © Spaces Images/Alamy
p. 47   © Moment Editorial/ Getty Images
p. 48   © Jeremy Woodhouse, Blend Images/Getty Images
p. 49   © Dmitry Pistrov/ Shutterstock

Moscow Kremlin
p. 50/1   © Michael Runkel Robert Harding World Imagery/ Getty Images
p. 52   © De Agostini/ W. BussDe Agostini Picture Library/Getty Images
p. 53   © RIA Novosti/Alamy
p. 54/5   © ID1974 / Shutterstock

African Union Conference Center
p. 56   © AFP/Stringer/ Getty Images
p. 57   © Dereje Belachew/Alamy
p. 58   © ArtPix/Alamy
p. 59   © Dereje Belachew/Alamy

Georgian Parliament Building
p. 60   © PSI/Alamy
p. 61   © Tomasz Bidermann/ Shutterstock
p. 62/3   © Vano Shlamov/Stringer/ Getty Images

Government House of Baku
p. 64/5   © Budi, G Wimmer/ age fotostock
p. 66   © Alexey Zarubin/Alamy
p. 67   © Magdalena Paluchowska/Alamy

Mazhilis Parliament Building
p. 68/9   © Jane Sweeney Photographer's Choice RF/ Getty Images
p. 70   © Jane Sweeney The Image Bank/ Getty Images
p. 71   © Elena Mirage/ Shutterstock

Sansad Bhavan
p. 72/3   © Travel Ink Gallo Images/ Getty Images
p. 74   © Bildgentur-Online/ age fotostock
p. 75   © Prakash Singh/Staff/ Getty Images

Jatiyo Sangshad Bhaban
p. 76/7   © Mahmud Fahmi/ Getty Images
p. 78   © Eye Ubiquitous/ Contributor / Getty Images
p. 79   © Robin Laurance/Alamy

Ho Chi Minh City Hall
p. 80/1   © Gerhard Zwerger-Schoner/imageBROKER/ age fotostock

New Sarawak State Legislative Assembly (DUN) Building
p. 82/3   © Andrew Watson Photolibrary/Getty Images
p. 84/5   © Andrew Watson/ Getty Image

Great Hall of the People
p. 86/7   © KokoroImages.com Moment/Getty Images
p. 88/9   © Digital Vision. Photodisc/Getty Images
p. 90   © Frederic J. Brown/staff/ Getty Images
p. 91   © Luis Castaneda Inc. The Image Bank/ Getty Images

Mansudae Assembly Hall
p. 92/3   © KCNA KCNA/Reuters

National Assembly Building, Seoul
p. 94/5   © TongRo Images/ Getty Images
p. 96/7   © Noon Tabtimdaeng Moment Open/ Getty Images

Tokyo Metropolitan Government Building
p. 98   © Sean Pavone/Alamy
p. 99   © Takamex/Shutterstock
p. 100   © Tomas Riehle/ ARTUR IMAGES
p. 101   © Takamex/Shutterstock

National Diet Building
p. 102   ©House of Councillors, The National Diet of Japan
p. 103   ©House of Councillors, The National Diet of Japan
p. 104   ©House of Councillors, The National Diet of Japan
p. 105   ©House of Councillors, The National Diet of Japan

Parliament House, Canberra
p. 106/7 © David Messent/ Getty Images
p. 108   © David Coleman/Alamy
p. 109   © Arcaid Images/Alamy

Parliament Buildings, Wellington
p. 110/1 © travellinglight/Alamy

Los Angeles City Hall
p. 112/3 © Peter Schickert/ age fotostock
p. 114   © SiliconValleyStock/Alamy
p. 115   © Jon Arnold Images Ltd/ Alamy

National Palace, Mexico
p. 116/7 © Borna_Mirahmadian/ Shutterstock
p. 118   © RosaIreneBetancourt 7/ Alamy
p. 119   © David R. Frazier Photolibrary, Inc./Alamy

National Capitol Building, Cuba
p. 120/1 © Grant Rooney/ age fotostock
p. 122   © VPC Photo/Alamy
p. 123   © Nick Brooks/Alamy

Toronto City Hall
p. 124/5 © Naibank/Getty Images
p. 126   © Design Pics Inc/Alamy
p. 127   © Wolfgang Kaehler/ Contributor/Getty Images

United States Capitol
p. 128/9 © Steve Heap/Shutterstock
p. 130   © Brian Jannsen/Alamy
p. 131   © All Canada Photos/Alamy

Parliament Buildings, Ottawa
p. 132/3 © Miles Ertman/ Getty Images
p. 134   © Marshall Ikonography/ Alamy
p. 135   © Jiawangkun/Shutterstock
p. 136/7 © Naibank/Getty Images

La Casa Rosada
p. 138   © Jason Edwards National Geographic/ Getty Images
p. 139   © Ralf Hettler/ Getty Images

National Congress Building, Brasília
p. 140/1 © Bruce Yuanyue Bi/ Getty Images
p. 142   © Barbara Staubach/ ARTUR IMAGES
p. 143   © Barbara Staubach/ ARTUR IMAGES

Parliament Buildings, Stormont
p. 144/5 © Surfin Chef – scImages.me.uk/ Getty Images
p. 146   © scenicireland.com/ Christopher Hill Photographic/Alamy
p. 147   © Design Pics/ Peter Zoeller Design Pics/ Getty Images

Offices of the Castile and León Government
p. 148   © Javier Callejas
p. 149   © Javier Callejas
p. 150/1 © Javier Callejas

Scottish Parliament Building
p. 152/3 © Roy Henderson/ Shutterstock
p. 154   © Kathy Collins Photographer's Choice/ Getty Images
p. 155   © Roland Halbe/ ARTUR IMAGES
p. 156   © John McKenna/Alamy
p. 157   © Roland Halbe/ ARTUR IMAGES

Senedd
p. 158   © Edmund Sumner/ ARTUR IMAGES
p. 159   © ffoto_travel/Alamy

Palace of Westminster
p. 160/1 © John and Tina Reid Moment/Getty Images
p. 162   © Arcaid Images/Alamy
p. 163   © Arcaid Images/Alamy

City Hall, London
p. 164   © Pisaphotography/ Shutterstock
p. 165   © DBURKE/Alamy
p. 166   © John Wheeler/Alamy
p. 167   © Vulture Labs Moment/ Getty Images

Palais Bourbon
p. 168/9 © DUCEPT Pascal/ hemis.fr hemis.fr/ Getty Images
p. 170   © LMR Group/Alamy
p. 171   © LOOK Die Bildagentur der Fotografen GmbH/ Alamy

Het Binnenhof
p. 172   © Sash Alexander Photography Moment/ Getty Images
p. 173   © Bildarchiv Monheim GmbH/Alamy
p. 174/5 © Tim Draper Dorling Kindersley/Getty Images

Louise Weiss Building
p. 176   © Shaun Egan AWL Images/ Getty Images
p. 177   © Murat Taner Photographer's Choice/ Getty Images
p. 178/9 © Marco Vacca Photographer's Choice RF/ Getty Images

Palazzo Lombardia
p. 180   © Stuart Paton Photodisc/ Getty Images
p. 181   © Valentino Visentini/ Alamy
p. 182/3 © Simone Becchetti/ Getty Images

Parliament of the Principality of Liechtenstein
p. 184   © Jürg Zürcher
p. 185   © Jürg Zürcher
p. 186   © Jürg Zürcher
p. 187   © Jürg Zürcher

Reichstag Building
p. 188   © fhm Moment/ Getty Images
p. 189   © Werner Huthmacher/ ARTUR IMAGES
p. 190   © Lexan/Shutterstock
p. 191   © Zap Art/ The Image Bank/ Getty Images

ローズ・パブリッシング社によるリフレクションシリーズ

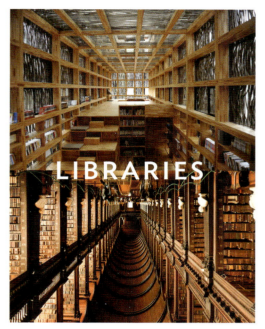

世界の図書館
9781909399105

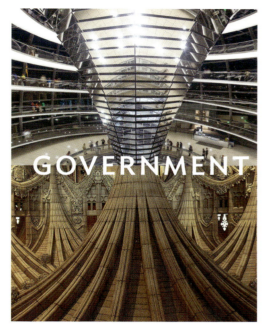

世界の議事堂
9781909399457

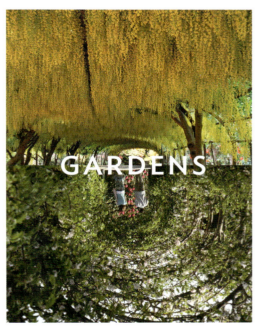

世界の庭園
9781909399440

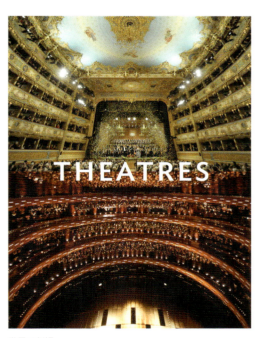

世界の劇場
9781909399112

21世紀ガイド図鑑　世界の議事堂
発行日 2016年10月31日 初版第1刷発行

著者	アイヴァン・ハーバー
発行人	高橋信幸
発行元	株式会社ほるぷ出版
	〒101-0061　東京都千代田区三崎町3-8-5
	Tel　03-3556-3991　FAX　03-3556-3992
	http://www.holp-pub.co.jp
日本語版制作	丸田剛司
	茅根駿　　下鳥怜奈　　比嘉セリーナ
写真提供	参議院事務局(国会議事堂)
翻訳協力	日本映像翻訳アカデミー® 藤田奈緒 (チームデスク)

Government
by Ivan Harbour

Copyright © ROADS Publishing, 149 Lower Baggot Street, Dublin 2, Ireland. All rights reserved. No part of this original book may be used or reproduced without the written permission of the publisher.
©HOLP SHUPPAN 2016. All rights reserved.
No translated and/or added part in the Japanese edition of this book may be used or reproduced without the written permission of the publisher.

《カバー写真クレジット》
表紙上段：
ベルリン市ライヒスターク（ドイツ連邦共和国）
© Kenneth C. Zirkel / Getty Images
表紙下段：
オタワ市カナダ国会議事堂（カナダ）
© De Agostini / R. Portolese / Getty Images
裏表紙：
北京市人民大会堂（中華人民共和国）
© Luis Castaneda Inc. / Getty Images

Printed in Malta.

ISBN978-4-593-58739-1　NDC290
196P　25.5×33.5×2.3cm

無断転載・複写を禁じます。定価はカバーに表示してあります。
落丁・乱丁のある場合はお取り替えいたします。